Língua e literatura

Alice Cunha de Freitas
Maria de Fátima F. Guilherme de Castro (orgs.)

Língua e literatura
Ensino e pesquisa

editoracontexto

Diagramação
Denis Fracalossi
Gustavo S. Vilas Boas

Revisão
Vera Lúcia Quintanilha
Mayara Cristina Zucheli

Capa
Antonio Kehl

Dados Internacionais de Catalogação na Publicação (CIP)
(Câmara Brasileira do Livro, SP, Brasil)

Língua e literatura : ensino e pesquisa / Alice Cunha de Freitas,
Maria de Fátima F. Guilherme de Castro, (orgs.). – 2. ed. –
São Paulo : Contexto, 2023.

Vários autores.
Bibliografia.
ISBN 978-85-7244-245-9

1. Linguagem e línguas – Estudo e ensino
2. Literatura – Estudo e ensino I. Freitas, Alice Cunha de.
II. Castro, Maria de Fátima F. Guilherme de

03-4549 CDD-400

Índice para catálogo sistemático:
1. Língua e literatura : Ensino e pesquisa 400

2023

EDITORA CONTEXTO
Diretor editorial: *Jaime Pinsky*

Rua Dr. José Elias, 520 – Alto da Lapa
05083-030 – São Paulo – SP
PABX: (11) 3832 5838
contato@editoracontexto.com.br
www.editoracontexto.com.br

Sumário

Apresentação

Alice Cunha de Freitas
Maria de Fátima F. Guilherme de Castro

Planejada durante um simpósio de Letras, organizado na Universidade Federal de Uberlândia, a presente coletânea está dividida em duas partes. A primeira inicia-se com um texto de Beth Brait, *Estudos linguísticos e literários: fronteiras na teoria e na vida,* que, como o próprio nome sugere, levanta reflexões sobre as confluências existentes entre os estudos linguísticos e os literários, a partir da análise de textos literários/poéticos. O trabalho não apenas conduz à análise estilística e linguística (dos componentes léxico-sintáticos e discursivos que compõem a estrutura dos textos, por exemplo), mas mostra, principalmente, a clara relação existente entre língua, sociedade e cultura.

A partir de um estudo do conto "Desenredo", de Guimarães Rosa, Joana Muylaert de Araújo interroga sobre os problemas da referência. Seu trabalho, *Referente e discurso literário: a história de Jó Joaquim e o* Desenredo *de Rosa,* está ancorado nas bases teóricas da Pragmática, bem como nas da escola francesa de Análise de Discurso. Segundo a autora, a noção de referente como objeto prévio e exterior ao discurso perde relevância e, mais do que isso, se desfaz em um texto cujo referente é explicitamente construído no movimento da própria história. Na narrativa em questão, ressalta-se a pluralidade de vozes que se entrelaçam, compondo um caleidoscópio de discursos sobre fatos que, na verdade, apenas adquirem existência no interior desses mesmos discursos. É o caso de "Desenredo", que se configura como forma exemplar da indissolubilidade das palavras e do mundo.

O trabalho de Enivalda Souza, *Estética, política e linguagem: por uma teoria da literatura brasileira em* Os bruzundangas, *de Lima Barreto*, revisita o importante autor carioca e colhe da crônica "Capítulo Especial – Os Samoiedas" uma teoria sobre a arte. Para Lima Barreto, o poder político e a literatura vigente no país dos bruzundangas – substantivo que na tropologia barretiana significa brasileiros – no início do século XX estavam entrelaçados, daí a necessidade de reformar a linguagem literária, para que a situação política do país fosse alterada. A crônica, cuja crítica se assenta na sátira, pode ser considerada um manifesto contra o Parnasianismo e o Simbolismo, estilos que se destacam pelo distanciamento da realidade brasileira e por uma linguagem altamente elitizada.

A primeira parte termina com o texto de João Bôsco Cabral dos Santos, que, circunscrevendo-se no arcabouço teórico da Teoria Semiolinguística de Patrick Charaudeau, discute o processo de trocas linguageiras entre sujeitos, tomando por lugar discursivo as manifestações do discurso acadêmico universitário, nas áreas de língua e literatura. Entendendo trocas linguageiras como a dinâmica do processo interativo, que compreende as atividades interlocutivas perpassadas pelo intervalo histórico de dispersão dos sentidos, o autor reflete como essas atividades instauram-se no interior da enunciação universitária e são demarcadas através de um processo de enunciatividade do discurso acadêmico.

A segunda parte inicia-se com o texto de Douglas Consolo, *Formação de professores de línguas: reflexão sobre uma (re)definição de posturas pedagógicas no cenário brasileiro,* que, apoiado em sua experiência como professor de língua inglesa, reflete sobre o ensino e a aprendizagem de línguas, especialmente as estrangeiras, visando contribuir com subsídios para a atuação do professor-formador. O autor aponta fatores, características, ocorrências e decorrências que, para ele, são pertinentes aos contextos onde irão atuar os futuros professores de línguas.

Maria de Fátima F. Guilherme de Castro apresenta um panorama histórico, uma descrição do "estado da arte" acerca dos estudos sobre gênero e linguagem. Seu trabalho, intitulado *A contribuição dos estudos sobre "gênero e linguagem" no processo de ensino e aprendizagem de língua materna e língua estrangeira,* reflete sobre a relevância dos estudos sobre a interação masculino e feminino, no que concerne ao processo ensino/aprendizagem de língua materna e de língua estrangeira. As reflexões por ela apresentadas estão apoiadas principalmente em Fairclough (1985 e 1995) e nos princípios teóricos do que o autor chama de "Critical Language Awareness". Por meio desse panorama, a autora reitera a tese defendida por diversos estudiosos de que compreender a variável social "gênero" significa a "possibilidade de compreendermos as relações entre os sujeitos e os sentidos na interação com o conhecimento".

O texto de Alice de Cunha Freitas, *O ensino de língua inglesa no Brasil: mitos e crenças,* levanta questões relacionadas com o ensino de cultura, no contexto de ensino de língua inglesa (LI) no Brasil. Apresenta os resultados de uma investigação feita com a participação de alunos e professores de três universidades e dois institutos particulares de idiomas. Os resultados de sua investigação mostram, em primeiro lugar, quais são os mitos e os preconceitos mais comuns relacionados ao ensino de LI e ao ensino de cultura em aulas de LI, e, em um segundo momento, o consequente impacto desses mitos e preconceitos na formação de professores de LI.

Cleudemar Fernandes, em seu artigo *Terra: um signo plural,* defende que os sentidos de "terra" no discurso do sem-terra, assim como os sentidos produzidos em outros discursos, constituem-se em decorrência das peculiaridades político-ideológicas na enunciação, tendo em vista as condições histórico-sociais de produção do discurso. Para tal, realiza uma análise dos sentidos de "terra" na formação discursiva do sem-terra, apresentando os sentidos do referido lexema em outras formações discursivas, tais como a indígena, a bíblica, a sociológica e a terra na perspectiva do capitalismo. O autor ressalta, ainda, o aspecto semântico-ideológico que assegura a coesão de um discurso e possibilita diferenciá-lo de outros e contrastá-los.

O texto de Ernesto Bertoldo, *Linguística aplicada e formação de professores de língua estrangeira,* apresenta um panorama histórico sobre os estudos desenvolvidos na área da Linguística Aplicada e problematiza que "... a Linguística Aplicada, em seu intuito de legitimação como ciência, leva-a a priorizar a teoria, mantendo a dicotomia entre a teoria e a prática". Suas reflexões deixam claras suas preocupações com questões que envolvem os cursos de formação de professores de línguas que, segundo ele, estão ainda muito marcados pela supervalorização do componente teórico, que tem sido frequentemente desvinculado da parte aplicada dos cursos. Esta seria, para o autor, uma das causas que levam os futuros professores a se ressentirem por não conseguir colocar em prática os diversos conteúdos teóricos que lhes são apresentados durante o curso.

1ª parte

Estudos linguísticos e estudos literários: fronteiras na teoria e na vida

Beth Brait

O que carateriza a comunicação estética é o fato de que ela é totalmente absorvida na criação de uma obra de arte, e nas suas contínuas re-criações por meio da co-criação dos contempladores, e não requer nenhum outro tipo de objetivação. Mas, desnecessário dizer, esta forma única de comunicação não existe isoladamente; ela participa do fluxo unitário da vida social, ela reflete a base econômica comum, e ela se envolve em interação e troca com outras formas de comunicação.
(Bakhtin/Voloshinov)

Toda língua são rastros de velho mistério.
(Guimarães Rosa)

A literatura antecipa sempre a vida. Ela não a copia em nada, mas a molda segundo seus fins.
(Oscar Wilde)

A língua é o poema original por meio do qual um povo diz o ser. Inversamente, a grande poesia, aquela pela qual um povo entra na história, e aquilo que começa a dar figura à sua língua.
(Hiedegger)

Devo dizer que a ideia de poder refletir sobre as confluências existentes entre estudos linguísticos e estudos literários me é extremamente simpática e representa uma oportunidade de, por meio de um recorte, de uma metonímia, expor uma linha de trabalho que tem caracterizado minha carreira, a qual tem sido pautada justamente pelas tentativas de explicitar e trabalhar com essas confluências e demonstrar o quanto que a interface entre essas duas áreas do conhecimento pode iluminar cada uma delas, sem arranhar identidades.

Para poder dar conta de alguns aspectos dessa confluência, considerei a oportunidade de observar a ausência da propagada dicotomia existente entre língua e literatura, entre linguagem e vida, entre uso e criatividade, entre gramática e estilística, a partir de textos literários, poéticos, que pudessem surpreender, pela temática e/ou pela organização, a confluência entre as duas instâncias de expressão e conhecimento.

O primeiro deles foi motivado por uma ironia poética, magistralmente elaborada por Paulo Leminski (1983: 144), que se revela um misto de amor e ódio, reverência e desprezo, impulsos vitais e mortais, pulsão ambígua no embate com a sintaxe, seu ensino, seus protagonistas e sua produtividade. Trata-se do poema abaixo transcrito.

O assassino era o escriba

Meu professor de análise sintática era o tipo do sujeito
Inexistente.
Um pleonasmo, o principal predicado da sua vida,
regular com um paradigma da 1ª conjugação.
Entre uma oração subordinada e um adjunto adverbial,
ele não tinha dúvidas: sempre achava um jeito
assindético de nos torturar com um aposto.
Casou com uma regência.
Foi infeliz.
Era possessivo como um pronome.
E ela era bitransitiva.
Tentou ir para os EUA.
Não deu.
Acharam um artigo indefinido em sua bagagem.
A interjeição do bigode declinava partículas expletivas,
conetivos e agentes da passiva, o tempo todo.
Um dia, matei-o com um objeto direto na cabeça.

A primeira pergunta que se pode fazer, diante desse poema, é por que e de que achamos graça, e, ainda, por que ele tem para nós esse efeito inusitado de humor? Por que é que simpatizamos de imediato com ele, com o que ele diz, como se estivéssemos um pouco diante de um espelho? Um espelho que, além de refletir nossa face, realiza, por assim dizer, ainda que no plano da ficção, um forte desejo, que tantas vezes sentimos que é o de matar o nosso professor de análise sintática. Como é que o poeta mobilizou sentimentos característicos da vivência, da experiência da grande maioria dos letrados?

Para respondermos a essas perguntas, temos de olhar com muita atenção para o poema. Olhar de perto, com lupa. E aí, essa primeira leitura, que é sempre lúdica, desinteressada, dá lugar a outra. Essa segunda, bem mais desconfiada e detalhista, começa a revelar a forma como o poeta concretiza sua visão não apenas da sintaxe, mas especialmente de seu ensino, explorando de forma ambígua um imaginário em que nomenclatura, a metalinguagem, apresenta-se como o motivo de tortura, morte e, curiosamente, subversão e criatividade. Comecemos por alguns conhecimentos prévios básicos, que podemos mobilizar para tentar descrever os recursos usados pelo poeta para causar esses efeitos de sentido.

Estamos diante de um poema, e sabemos disso pela própria organização gráfica: há versos, que diferentemente de um texto em prosa, tem as linhas interrompidas, ou, mais precisamente, acabadas em pontos estratégicos que configuram um ritmo, provocam rimas etc. É importante saber isso? É. É importante porque vamos nos comportar, ainda que inconscientemente, de maneira diferente da que nos comportamos diante de um romance, diante de um artigo de jornal, diante de uma propaganda, diante de uma página da gramática da língua portuguesa ou de outra língua. No momento em que o falante, o escrevente, o autor, qualquer um de nós, escolhe um plano de expressão específico para a mensagem, não apenas configura a mensagem, articulando forma e conteúdo, mas também prevê e constitui o seu leitor.

Nesse caso, por exemplo, já estamos constituídos pelo texto de Leminski. Não como sujeitos empíricos, indivíduos, mas, num primeiro momento, como alunos, como aprendizes submetidos a um velho e tradicional padrão de análise sintática. E é isso que nos inclui de imediato no poema. E como o poeta introduz isso no texto? De várias maneiras. Uma delas, e talvez a mais forte, é por meio do léxico. O mesmo léxico que nos torturou nas aulas de análise sintática, que é de fato o pivô da aversão dos estudantes, aqui aparece numa nova organização, numa nova sintaxe, que, em lugar de causar horror, causa o riso, mostra uma face diferente. Termos e expressões característicos do registro da análise sintática estão aqui articulados de forma nova, inesperada, como qualificadores da maneira de ser e das ações do professor, causando uma divertida ambiguidade, como é o caso de "sujeito inexistente", "pleonasmo", "bitransitiva", "artigo indefinido" etc.

Além desse poderoso e criativo recurso de mobilização do léxico a partir de novas possibilidades sintáticas, enriquecendo o plano semântico, o poeta lança mão, também, de uma outra dimensão do nosso conhecimento, da nossa memória discursiva. O poema é organizado de forma narrativa, conta uma história, usando para isso uma estrutura canônica, ou seja, tão tradicional quanto a análise sintática, e que no caso é a narrativa policial, de suspense, de mistério. Por esse recurso, ele nos institui como leitores e leitores de um determinado tipo. Desde o título, sabemos que se trata desse tipo de narrativa. O termo "assassino" não deixa dúvidas. O termo "escriba", por sua vez, atrai duplamente a atenção do leitor: primeiro porque está designando o assassino, o que nos atrai para o texto, para saber quem foi assassinado e porquê, como em toda narrativa policial, de suspense; segundo, a própria palavra "escriba", por não ser um termo corrente, de uso comum, já representa um certo mistério em termos de significação. Segundo o Aurélio, "escriba" significa 1. *doutor da lei, entre os judeus*; 2. *Oficial das antigas chancelarias ou secretarias*; 3. *Aquele que exercia a profissão de copiar manuscritos, muitas vezes mediante ditado; copista*; 4. Pop. *escrevinhador [escritor sem ou de muito pouco merecimento; escrevinhadeiro, raboscador, borrador]*. Lendo o poema como um todo e voltando ao título, poderemos escolher um ou mais desses significados, identificando o porquê de sua utilização no poema.

E como esse poema quase prosa, espécie de confissão espontânea, organiza essa narrativa?

Um narrador em primeira pessoa descreve, nos primeiros sete versos, um sujeito, sua função, suas ações dentro dessa função, caracterizando-o, ao mesmo tempo, como professor e torturador. Pelo pronome possessivo "meu" e pela designação professor, ficamos sabendo, de imediato, que o narrador se apresenta como aluno, como aprendiz, como torturado. Do oitavo ao décimo sexto verso, o narrador resume os fracassos desse sujeito. No último verso, uma espécie de *flash,* tudo se esclarece, a partir da recomposição da cena do assassinato, exatamente como na cena principal de uma narrativa de suspense: o assassino é o aluno, o assassinado é o professor, a arma do crime é um "objeto direto" e o motivo está mais que justificado.

Se por um lado toda graça vem dessa organização léxico-sintática – /casou-se com uma regência/, /e ela era bitransitiva/; /acharam um artigo indefinido em sua bagagem/, /matei-o com um objeto direto na cabeça/, a estrutura narrativa também colabora para promover a sintaxe, enquanto organização frasal e textual, desmascarando o professor e o aluno. Se observarmos com cuidado, a sintaxe é o verdadeiro tema do poema. Realizada com maestria e criatividade, ela é a estrela na medida em que desvenda a natureza dos protagonistas. O professor é apresentado, da perspectiva do aluno, desde o começo, como "sujeito inexistente", isto é, sem existência, fato que se concretiza em vários níveis, ao longo do poema: como professor, no plano das relações pessoais e, por último, como objeto do crime. Aliás, objeto que se realiza sintaticamente, na medida em que de nome ele passa a pronome objeto do verbo matar: matei-*o*. O aluno, por sua vez, revela-se como o escriba do título, isto é, agente que, apesar de torturado pelo professor, domina a sintaxe e é capaz de manejá-la com destreza e criatividade. Ele é o sujeito ativo.

Nessa leitura, portanto, o poema, em lugar de ser um panfleto contra a sintaxe, é uma homenagem à língua, à sua riqueza, à possibilidade de mobilizar termos cristalizados em situações e contextos diferentes do da gramática tradicional, de tal forma que eles estejam revitalizados e se mostrem bem mais ricos do que imagina nossa traumática experiência de alunos. Ao subverter o uso tradicional dos termos, sem ferir a sintaxe, mas, ao contrário, exibindo-a positivamente, o aluno mata o pai/professor, mas revela-se o escriba/filho.

Se Leminski tematizou a sintaxe e seu ensino nesse poema, desmascarando, pelo humor, a falsa ditadura da terminologia gramatical, coube ao poeta modernista Oswald de Andrade tematizar poeticamente a rica variedade da língua portuguesa.

Para ficar em uns poucos exemplos, é possível citar os seguintes poemas:

Erro de português

Quando o português chegou
Debaixo duma bruta chuva
Vestiu o índio

Que pena!
Fosse uma manhã de sol
O índio tinha despido
O português
(Andrade, O. *Poemas menores*. 1972: 115)

O gramático

Os negros discutiam
Que o cavalo sipantou
Mas o que mais sabia
Disse que era
Sipantarrou
(Andrade, O. *Poemas da colonização*. 1972: 31)

Vício na fala

Para dizerem milho dizem mio
Para melhor dizem mió
Para pior pió
Para telha dizem teia
Para telhado dizem teiado
E vão fazendo telhados
(Andrade, O. *História do Brasil*. 1972: 27)

O capoeira

- Qué apanhá sordado?
- O quê?
- Qué apanhá?
Pernas e cabeças na calçada
(Andrade, O. *Poemas da colonização*. 1972: 32)

Pronominais

Dê-me um cigarro
Diz a gramática
Do professor e do aluno
E do mulato sabido
Mas o bom negro e o bom branco
Da Nação Brasileira
Dizem todos os dias
Deixa disso camarada
Me dá um cigarro
(Andrade, O. *Postes da Light*. 1972: 63)

O conjunto de poemas de Oswald de Andrade aqui transcritos demonstra uma maneira muito especial de articular língua e literatura, língua e cultura, linguagem e vida, tocando diretamente a questão da identidade linguística brasileira. As particularidades linguísticas não são mostradas enquanto exotismos ou regionalismos, mas como condição de transformação e de exposição das marcas de uma identidade nacional. O uso, recuperado na linguagem literária, ganha *status,* como disse Mário de Andrade e, no caso, o *status* de existência e reconhecimento.

Em cada poema, o gingado do ritmo traduz, juntamente com o léxico e com as construções sintáticas abrasileiradas, uma espécie de *flash* em que estão confrontadas maneiras de ser e de dizer inegavelmente diferentes das do português de Portugal. O conjunto constrói um panorama, uma espécie de enumeração caótica de imagens profundamente brasileiras, quer advindas do folclore, quer da vida cotidiana, quer da ficção, e que parecem ter sido "fotografadas" por um observador não "colonizado", ou ao menos profundamente crítico em relação a determinados aspectos da colonização e profundamente atento às personagens e aos enredos marcadamente brasileiros. Nessas imagens, que estão presentes também em outros poemas, a mistura das raças e de suas particularidades, assim como os aspectos novos e a criatividade que as caracterizam, vêm através das personagens dessa "brasilidade": são negros, mulatos, brancos, capoeiristas, cantadores, índios, formando uma espécie de coletividade, e que estão dispostos de forma a afrontar, em cada *flash*, o poder, as regras gramaticais consolidadas, a religiosidade, tudo de forma carnavalizada. Até os primeiros encontros entre índios e brancos estão carnavalizados, desestabilizando os discursos fundadores da nacionalidade, se flagrados, evidentemente, do ponto de vista do colonizador e sua história oficial.

Com o humor que lhe é peculiar, mesmo quando trabalha aspectos da maior seriedade, Oswald de Andrade revela, por uma perspectiva estético-histórica original, uma preocupação característica de sua época. Mas que continua em pauta até hoje, que é a da identidade linguística brasileira.

Para continuar nosso objetivo de entender melhor as relações aqui propostas, vamos observar o seguinte texto: uma placa de trânsito fotografada por José Paulo Paes e que aparece na obra *Um por todos (poesia reunida)* [Brasiliense, 1986, poema de *Meia palavra*, 1973]

A placa de trânsito como um texto característico de um gênero "o código de trânsito", diz respeito a uma atividade humana específica, ou seja, a utilização de determinados espaços urbanos por pedestres ou motoristas.

Nesse sentido, é um texto objetivo, claro, sem ambiguidades ou efeitos de sentido inesperados. Também poderíamos dizer que a dimensão ideológica é praticamente zero.

A mesma placa, o mesmo texto, fotografado e colocado em um livro de poemas, modifica-se inteiramente. Mudam as formas de produção, as formas de circulação e as formas de recepção. O mesmo texto passa a pertencer a um outro gênero, o poético, exigindo outros leitores (como vimos no texto de Leminski), construindo outros sentidos. Nesse caso específico, a placa fotografada passa a produzir efeitos de sentido que a memória discursiva dos anos 70 pode motivar.

Considere-se, por exemplo, a sequência *liberdade interditada.* Na placa, essa sequência podia e era decodificada por pedestres e motoristas que circulavam pela cidade de São Paulo, como *Avenida Liberdade interditada ao trânsito em função de obras*, um fato perfeitamente observável na década de 1970, momento da construção do metrô e da modificação dessa avenida paulistana. No livro de poemas, o referencial de trânsito funciona como suporte para uma dicção poética, irônica e crítica, que constrói outros referentes a partir do interdiscurso ditatorial que vigia naqueles pesados anos. Se a placa hoje está totalmente decolada do real, uma vez que a avenida da Liberdade não está mais interditada ao trânsito, o poema permanece como prova não apenas da perspicácia do fotógrafo, o grande poeta brasileiro José Paulo Paes, mas da permanência de uma memória discursiva, de uma realidade cruel, a partir não de um panfleto fabricado, mas de um artefato do dia a dia do cotidiano dos brasileiros. E aí, *liberdade interditada* significa ausência de direitos, um fato absolutamente corrente naquele momento. A duplicidade da leitura da seta indicando a *direita* para chegar ao *Paraíso* fica como consequência das mudanças sofridas pelo deslocamento do texto e das memórias discursivas invocadas.

O que resta da placa de trânsito é a capacidade de sinalizar para um momento histórico brasileiro, uma situação de terror que o leitor mais jovem, para entender, terá de empenhar-se na pesquisa sobre uma história que, envolvendo seu país e sua gente, também é sua. A placa sinaliza e o leitor vai em busca do caminho e das informações.

A literatura, naturalmente, é uma das possibilidades de exploração e utilização da língua, das palavras, para uma diversidade de fins, de propósitos os quais as teorias literárias e as teorias linguísticas, bem como outras vertentes dos estudos das línguas e das literaturas, têm contribuído decisivamente para caracterizar, pontuando as mudanças de acordo com os diferentes momentos históricos, com os diferentes povos, com as diferentes línguas, mas sempre, apesar de todas as diferenças de gêneros e conteúdos, apontando para essa marca da natureza humana que é o fazer literário, o fazer poético, fazer em que a língua, em sua modalidade escrita ou oral, é utilizada para expressar e justificar a existência humana.

Não por acaso, um outro companheiro dos escritores anteriormente flagrados em momentos de enfrentamentos metalinguísticos, de batalhas criativas voltadas para questões linguísticas, para a diversidade falada e escrita, para as fortes relações existentes entre língua/sociedade/cultura, e por que não dizer, para a constitutiva relação entre linguagem e vida, é o brasileiro João Guimarães Rosa, que aqui não será recuperado pela voz de Riobaldo, de Miguelim ou de Diadorim, mas por duas outras falas. Por um lado, enquanto criador irônico, narrador quase linguista, quase filólogo a um triz do gramático, autor de um dos quatro prefácios que compõem a obra *Tutameia (Terceiras estórias).* Trata-se de "Hipotrélico", um texto em que o escritor discute, pelo avesso, o direito à criação de palavras, à prática do neologismo, ao bisbilhotar os meandros da língua. Por outro, enquanto aprendiz de linguista, de descritor de línguas, que é o que acontece em "Uns índios (sua fala)", texto que aparece na obra póstuma *Ave, palavra* (Rosa, 1970).

No primeiro caso, com uma carga de muita ironia e muita malícia, o autor se coloca no papel de quem combate o "vezo de palavrizar" utilizando todos os argumentos que já foram usados contra ele e deixando à vista as inconsequências e a falta de criatividade dos que se colocam diante da língua como puristas.

Forjando o lembrete de que "um neologismo contunde, confunde, quase ofende", o autor simula, a partir de uma suposta discussão em torno do termo *hipotrélico,* a postura de um empedernido filólogo defensor do *status quo* da língua e que, por designação neológica, é um *hipotrélico*:

> O termo é novo, de impesquisada origem e ainda sem definição que lhe apanhe em todas as pétalas o significado. Sabe-se só, que vem do bom português. Para a prática, tome-se hipotrélico querendo dizer: antipodático, sengraçante imprizido; ou, talvez, vice-dito: indivíduo pedante, importuno agudo, falta de respeito com a opinião alheia. Sob mais que, tratando-se de palavra inventada, e, como adiante se verá,embirrando o hipotrélico em não tolerar neologismos, começa ele por se negar nominalmente a própria existência.

Para levar adiante a discussão, levanta algumas posturas diante da criação de neologismos, as quais passam por várias perspectivas, incluindo a "de que só o povo tem o direito de se manifestar, neste público particular", ou a de que "tudo não passa de um engano da arte, leigo e tredo: que quem inventa palavras é sempre um indivíduo, elas, como as criaturas, costumando ter um pai só; e que a comunidade contribui apenas dando-lhes ou fechando-lhes a circulação"; ou ainda de que "no sem-tempo quotidiano, não nos lembremos das e muitíssimas que foram fabricadas com intenção – ao modo como Cícero fez qualidade ('qualitas'), Comte altruísmo (...) Fracástor sífilis (...) Alfredo de Taunay necrotério (...). Palavras em serviço efetivo, já hoje viradas naturais, com o fácil e jeito e unto de espontâneas, conforme o longo uso as sovou".

Para todos esses argumentos, o autor tem respostas que refletem um ponto de vista bem realista sobre as virtualidades da língua, não deixando de incluir no mesmo balaio a questão das palavras estrangeiras, ou mais especificamente dos galicismos. Em geral, as respostas são profundamente irônicas, demonstrando que legislar sobre a língua para intervir no uso com argumentos de força, com leis de proteção, não levam muito longe, na medida em que tanto o uso literário quanto o uso cotidiano, catalogadas aí as palavras novas, quer neologismos quer estrangeirismos, obedecem às relações que a língua mantém com a cultura, com a sociedade, com as circunstâncias que a fazem caminhar no ritmo vivo dos contextos da linguagem. E vejam que ele nem viveu para ver as posturas político-patrióticas atuais contra os estrangeirismos...

Para resumir, aqui, a forma como ele parece estar respondendo à atualidade da questão, transcrevo o trecho que, sem ser o último do texto, fecha de maneira humorada um certo aspecto da questão:

> Já outro, contudo, respeitável, é o caso – enfim – de "hipotrélico", motivo e base desta fábula diversa, e que vem do bom português. O bom português, homem de bem e muitíssimo inteligente, mas que, quando ou quando, neologizava, segundo suas necessidades íntimas.
>
> Ora, pois, numa roda, dizia ele, de algum sicrano, terceiro, ausente:
>
> – E ele é muito hiputrélico...
>
> Ao que o indesejável maçante, não se contendo, emitiu o veto:
>
> – Olhe, meu amigo, essa palavra não existe.
>
> Parou o bom português, a olhá-lo, seu tanto perplexo:
>
> – *Como?! ... Ora... Pois se eu a estou a dizer?*
>
> – *É. Mas não existe.*
>
> Aí, o bom português, ainda meio enfigadado, mas no tom já feliz da descoberta, e apontando para o outro, peremptório:
>
> - *O senhor também é hiputrélico...*
>
> E ficou havendo.
>
> *(Tutameia - Terceiras Estórias,* Rosa, J. G., 1969: 64-69)

O segundo texto de Guimarães Rosa é também um curioso exemplo de como a literatura pode revelar, tematicamente, interessantes aspectos da língua, de sua forma de organização, de seus misteriosos laços com a vida e com os falantes, aspectos nem sempre decifrados pela lógica analítica.

Nesse caso, o narrador conta sua curiosa e fracassada experiência de tentar compreender determinado aspecto de uma língua indígena brasileira a partir de alguns traços de sua sintaxe, de sua formação de palavras, considerando o que lhe pareceu um processo seguro de segmentação de termos e descoberta da lógica da significação.

Defrontando-se em suas andanças por Mato Grosso com os "Terenos, povo meridional dos Aruaks" (...) urbanizados, vestidos como nós, calçando meias e sapatos, saem de uma tribo secularmente ganha para o civil", ele se interessa pela língua, surpreendendo-se com a sonoridade, com o ritmo. E é esse encontro que lhe permite não apenas conversar com eles, mas ouvir a língua, tentar caracterizá-la, entendê-la e, até mesmo, descrever uma de suas características, falando como um linguista, utilizando termos e expressões da fonética e relacionando determinados aspectos com os falantes e seu espaço:

> A surpresa que me deram foi ao escutá-los coloquiar entre si, em seu rápido, ríspido idioma. Uma língua não propriamente gutural, não guarani, não nasal, não cantada; mas firme, contida, oclusiva e sem molezas – língua para gente enérgica e terra fria. Entrava-me e saia pelos ouvidos aquela individida extensão de som, fio crespo, em articulação soprada; e espantava-me sua gama de fricativas palatais e velares, e as vogais surdas. Respeitei-a, pronto respeitei seus falantes, como se representassem alguma cultura velhíssima.

Depois de ouvir bastante e fazer perguntas sobre o significado de algumas palavras, começou, mesmo ouvindo-as soltas, isoladas, perceber a "escandida silabação". Para exercitar a descoberta de significados, as combinatórias, anotava-as com dificuldade, de forma arbitrária, como ele mesmo afirma, muitas vezes de memória.

> Eu fazia perguntas a um – como é isso, em língua terena? como é aquilo? – e ele se esforçava em ensinar-me; mas os outros o caçoavam: – Na-kó i-kó? Na-kó i-kó? (–"Como é que vamos? Como é que vamos?") – *K'mo-k'wam'mo?* – quer dizer – Como é que você se sai desta?...

E foi mais tarde, em outro momento, que voltou às anotações, ao pequeno vocabulário, e pensou ter feito uma grande descoberta linguística no que se refere ao nome das cores em língua terena, ou seja, de que um elemento presente em todas elas – *i'ti* – significasse *cor* e que gramaticalmente era "um substantivo" que se sufixava da seguinte maneira:

> vermelho – a~ra~ra~i'ti
> verde – ho~o~no~i'ti
> amarelo – he~ya~i'ti
> branco – ho~po~i'ti
> preto – ha ~ha~i'ti

Apesar da lógica aparente, digna de um verdadeiro linguista, o confronto com falantes não confirmou a hipótese: *i'ti* não era *cor*, como parecia à primeira vista. Na verdade, significava "sangue". Essa constatação deixou o aprendiz de linguística ainda mais entusiasmado, imaginando as seguintes possibilidades significativas:

vermelho seria "sangue de arara"; *verde,* "sangue de folha", por exemplo; *azul,* "sangue do céu"; *amarelo,* "sangue do sol" etc.

Entretanto, também essa hipótese não foi confirmada pelos falantes, na medida em que as sequências obtidas a partir da segmentação, caso de *hó-no-nó*, *hó-pô*, *há-há* e *hê-yá-há* não constituíam mais, ao menos da perspectiva da memória, da consciência, um elemento que pudesse apresentar um sentido exato, como pretendia o estudioso:

> Nenhum – diziam-me – significava mais coisa nenhuma, fugida pelos fundos da lógica. Zero nada, zero. E eu não podia deixar lá minha cabeça, sozinha especulando. *Na-kó i-kó?* Uma tristeza.

Apesar da frustrada empreitada linguística, a narrativa discute os fortes laços existentes entre língua e cultura, situando a impossibilidade, num determinado estágio de civilização de um povo, como o caso dos Terenos aqui apresentados, de se guardar a memória total das formas dessa língua. Viva, ela acompanha os caminhos desse povo e deixa para a memória dos tempos os significados que vão sendo substituídos, ampliados, modificados. Ou os que permanecessem sem que se possa dar conta de seu "exato sentido", como queria o narrador.

Para finalizar, é preciso dizer que esse pequeno elenco de reflexões literárias sobre a língua, sobre uso e criatividade, sobre linguagem e vida, leva ao reconhecimento de inevitáveis confluências existentes entre estudos linguísticos e literários, ainda que aqui não se tenha feito uma teorização. Esse caminho implica olhar para a materialidade verbal e extraverbal constitutivas de uma enunciação, de um enunciado concreto, de forma a reinstaurar a discussão a respeito da estilística e da gramática/linguística, assim como de suas fluidas fronteiras. Mas esse é assunto para uma outra conversa.

Referências bibliográficas

ANDRADE, Oswald (1972). *Obras completas – Poesias reunidas.* 3. ed. Rio, Civilização Brasileira/MEC. Vol.VII.

LEMINSKI, Paulo (1983). *Caprichos & relaxos.* São Paulo, Brasiliense.

PAES, José Paulo (1986). *Um por todos (poesia reunida).* São Paulo, Brasiliense.

ROSA, João Guimarães (1969). "Hipotrélico". In: *Tutameia (Terceiras estórias).* 3. ed. Rio, José Olympio, pp. 64-9.

ROSA, João Guimarães (1970). "Uns índios (sua fala)". In: *Ave, palavra.* Rio, José Olympio, pp. 88-90.

Referente e discurso literário: a história de Jó Joaquim e o *Desenredo* de Rosa

Joana Luiza Muylaert de Araújo

Este trabalho tem como objetivo interrogar sobre os problemas da referência, a partir de um estudo do conto "Desenredo", de Guimarães Rosa.

A noção de referente como objeto prévio e exterior ao discurso – de pertinência, talvez, quando a questão é definir as condições de verdade de um enunciado – perde relevância e, mais que isso, se desfaz num texto cujo referente é explicitamente construído no movimento da própria história. São várias as vozes narrativas que se entrelaçam compondo um caleidoscópio de discursos sobre fatos que, por sua vez, apenas adquirem existência no interior desses mesmos discursos. Dentre elas, emerge vitoriosa a história de Jó Joaquim que, "contrário ao público, ao pensamento e à lógica" inventa o seu passado, transformando o próprio destino e de todos os que o cercavam. Desconstruídos e reorganizados, os elementos constituintes da narrativa – a construção da personagem, a elaboração da fábula em enredo e a perspectiva do narrador – colaboram para o "desenredo" desse conto metalinguístico, cujo tema já se apresenta a partir do título. Reflexão poética/literária sobre os complexos e contraditórios laços entre narração e verdade, "Desenredo" afirma de modo exemplar a indissolubilidade das palavras e do mundo. Em torno dessa questão desenvolverei o trabalho que se sustenta teoricamente sobre as hipóteses da denominada escola francesa de análise do discurso.

A narrativa literária e seus rituais

A situação de enunciação apresenta problemas peculiares, quando se trata de estudar o discurso literário. Os elementos que definem a situação de enunciação comum – um enunciador, um destinatário, um momento e um lugar particulares – revestem-se de máscaras apropriadas ao jogo de cena literária.

Dominique Maingueneau examina a questão, nos seguintes termos: uma vez que não pressupõe o caráter imediato e simétrico da interlocução, a enunciação literária caracteriza-se como uma falsa enunciação, do mesmo modo que o enunciado literário apresenta-se como um falso enunciado:

> Esta especificidade do dizer literário afeta muito particularmente a noção de "situação de enunciação" com suas três dimensões: pessoal, espacial e temporal.

> Enquanto um enunciado ordinário remete diretamente a contextos fisicamente perceptíveis, os textos literários constroem suas cenas enunciativas através de um jogo de relações internas ao próprio texto. (Maingueneau, 1996: 16)

Compreendido como uma situação específica de enunciação – reiterando o que, a esse respeito, foi acima observado –, o discurso literário apresenta problemas decorrentes dessa mesma especificidade. Como todo enunciado, o texto literário é o resultado de um acontecimento único, "sua enunciação", com "um enunciador, um destinatário, um momento e um lugar particulares" (Maingueneau, 1996: 5), conjunto de elementos que definem a situação de enunciação. Nesse sentido, a enunciação literária não escapa à regra comum de qualquer situação de enunciação: se as figuras do autor, do narrador e do leitor não podem reduzir-se às do locutor e do destinatário presentes na troca linguística comum, também não podem dissociar-se inteiramente desses últimos. No entanto, é a peculiaridade do discurso literário que importa ressaltar: se a enunciação literária prescinde do aspecto simétrico e imediato da interlocução é porque é próprio da literatura "não pôr em contato o autor e o público senão através da instituição literária e seus rituais" (Maingueneau, 1996: 16). As regras que encenam uma situação de enunciação, com suas três dimensões – as pessoas, o espaço e o tempo – são, no caso peculiar do dizer literário, redimensionadas. É nesse sentido que Maingueneau pode referir-se à "pseudo-enunciação literária" e ao texto literário como "pseudoenunciado". Entre o texto de ficção e o leitor acontece uma relação de natureza bem diversa da interlocução comum: "os textos literários constroem suas cenas enunciativas por meio de um jogo de relações internas ao próprio texto" (Maingueneau, 1996: 16).

Para que esse jogo de relações internas ao próprio texto assegure o funcionamento da "instituição literária", é preciso observar as regras básicas relativas ao modo de apresentação das personagens, ao problema da focalização e à definição do espaço (topografia) e do tempo (cronografia) a partir dos quais realiza-se a situação de enunciação da obra. Além de todos esse elementos constituintes do texto literário, há ainda os problemas da referência no discurso, que se colocam particularmente complexos nos enunciados de ficção.

São essas as questões que serão estudadas, a seguir, na análise de "Desenredo", de Guimarães Rosa.

As personagens em cena

A primeira delas relaciona-se ao modo de apresentação das personagens. Como aparecem em cena? Como estabelecem relações entre si? Construídas pelo narrador, as personagens podem apresentar-se como locutores responsáveis por sua enunciação, através do discurso direto, que introduz na enunciação do autor as enunciações de outros sujeitos. Esses, por sua vez, podem também tornar-se narradores e citar palavras de outra personagem de sua própria narrativa. As falas das personagens podem também ser citadas por um locutor que as interpreta e traduz numa única situação de enunciação, a do discurso citante (Maingueneau, 1996: 109). O narrador pode ainda lançar mão de outra estratégia de citação: o discurso indireto livre, "forma de citação que não pode ser atribuída nem ao narrador apenas, nem apenas à personagem autora das falas citadas" (Maingueneau, 1996: 117) "Vozes inextrincavelmente mescladas, a do narrador e a da personagem", na perspectiva de Bakhtin; "enunciadores postos em cena pela palavra do narrador", segundo Ducrot; não se trata de fato de "dois verdadeiros locutores (...), mas dois pontos de vista, duas vozes, aos quais não se pode atribuir nenhum fragmento do discurso citado" (Maingueneau, 1996: 117-8).

As personagens de "Desenredo" – Jó Joaquim, Liviria/Rivília ou Irlívia, o marido, os amantes, o povo, Vilíria e novamente Jó Joaquim – não se apresentam diretamente por meio de suas próprias palavras, mas são indiretamente mostradas na estória contada por um narrador anônimo a seus ouvintes/leitores. Poderíamos falar, nesse caso, de narração pura, sem a intercalação de elementos dramáticos; ou de narração lírica, já que são recorrentes os recursos poéticos (rítmicos e imagéticos) no texto. Não se verifica uma passagem sequer em que as personagens dialoguem; as falas são citadas quase exclusivamente na forma do discurso indireto livre. Fundamental na configuração de um texto essencialmente narrativo, o discurso indireto livre apresenta-se como a estratégia mais adequada a um narrador que sustenta, com a sua palavra, a palavra alheia, garantindo assim a ambiguidade da narrativa, que vai delineando perigosamente sobre o já conhecido enredo em casos de amor e traição, uma outra alternativa, contornando com astúcia a imprecisão.

O passado reescrito

A outra questão relacionada à concepção de enunciação literária como encenação, como cenografia, diz respeito ao problema do referente.

A polêmica sobre os limites entre discurso de realidade e discurso de ficção está presente nos variados campos do conhecimento, como a filosofia, a história, a teoria literária, a linguística e a análise do discurso. Dentro da análise do discurso, destaco um ensaio de Oswald Ducrot sobre o problema da referência, no qual o autor analisa a ambiguidade constitutiva do referente.

Jó Joaquim não se trata de um qualquer Joaquim, mas de alguém com alguma familiaridade com Jó, cujo destino já se acha traçado (inscrito) no próprio nome. Jó ecoa na primeira sílaba de Joaquim. Jó Joaquim que, assim como Jó, personagem do

Livro de Jó, percorre um caminho de provações insuportáveis, quase intransponíveis, e surpreendentemente vence a travessia, graças à sua própria generosidade e não à providência de um Deus incompreensivelmente bom e justo.

Em poucas palavras, temos o retrato de Jó: "cliente, era quieto, respeitado, bom como o cheiro de cerveja" (Rosa, 1979: 38). Jó Joaquim tinha tudo para continuar sendo o homem simples e bom que era, anônimo como tantos outros. Mas ninguém é definitivamente alguém, nem antes nem depois das experiências vividas. Jó Joaquim vai-se tornando Jó Joaquim com o tempo. Amante da mulher de tantos nomes – Livíria, Rivília ou Irlívia – vivia resignando o papel que lhe cabia na estória: "existindo só retraído, minuciosamente" (Rosa, 1979: 38). Mas eis que se dá o inesperado: "apanhara o marido a mulher: com outro, um terceiro..." (Rosa, 1979: 38). Diante de tão descabido fato, Jó Joaquim recusa o novo papel, o de "pseudopersonagem" (Rosa, 1979: 38). Nada compreendendo, "no absurdo desistia de crer" (Rosa, 1979: 38) mas, sem escolha, "exercitava-se a aguentar-se, nas defeituosas emoções" (Rosa, 1979: 39). Assim, Jó Joaquim passa pelo primeiro grande desengano; o tempo se encarrega do resto. O marido morre, vem o esquecimento e, "dolorido mas já medicado" (Rosa, 1979: 39), Jó Joaquim reencontra-se com a mulher que ama e com ela se casa.

Sobrevém o segundo revés, tudo parece se repetir: dessa vez Jó Joaquim, afinal personagem, é traído como fora antes o marido. Comporta-se, porém, de modo diverso do esperado, "apostrofando-se, como inédito poeta e homem" (Rosa, 1979: 39). Separado mais uma vez da mulher que tanto ama, mais uma vez Jó Joaquim, triste, calado, "de novo respeitado", "dedicou-se a endireitar-se" (Rosa, 1979: 39). O tempo passa e, com ele, transforma-se Jó Joaquim em outro personagem, impondo novo curso à estória, mudando o destino que parecia inscrito/escrito no seu nome. Entra em cena um outro nome, o de Ulisses; e o episódio referido é aquele em que o herói grego tenta passar por louco para escapar da guerra de Troia. Astuto e sábio Ulisses, que consegue retornar para sua terra, sua casa e sua família contornando impensáveis obstáculos, correndo todos os riscos. Como Ulisses, Jó Joaquim, o novo herói de uma nova odisseia, também desejava "a felicidade". Os riscos, porém, nesse caso, são de outra natureza: lembranças, marcas sombrias de experiências sofridas. Jó Joaquim tem como oponente uma estória passada; carregada de sentidos, de imagens cristalizadas pelo tempo. Jó Joaquim, então, não sofre, age. No lugar das adversidades passivamente sentidas (são vários os "mas" e "poréns" presentes no texto até então), Jó Joaquim acrescenta novas ideias, novos acontecimentos ao que fora até aqui apenas fatalidade (essa guinada expressa-se textualmente numa só linha, num só parágrafo, numa só palavra: "mais"). Surge a ideia de "felicidade" como um desejo inato, como um arquétipo, como uma ideia platônica, existente antes e depois das frágeis experiências humanas: Jó Joaquim reencontra-se eternamente amoroso, como antes, no início de tudo acontecer, num tempo sem data, "infinitamente maio" (Rosa, 1979: 38). Nesse tempo sem data, o passado é apenas um "plástico e contraditório rascunho" (Rosa, 1979: 40), que Jó Joaquim reescreve, contrário ao senso comum que resistia, contrário às supostas evidências, contrário ao comportamento esperado: "a bonança nada tem a ver com a tempestade" (Rosa, 1979: 39), diz quase ao final o narrador. Jó Joaquim dedicou-se a resgatar a mulher com a magia das novas palavras:

> Nunca tivera ela amantes! Não um. Não dois. Disse-se e dizia isso Jó Joaquim. Reportava a lenda a embustes, falsas lérias escabrosas. Cumpria-lhe descaluniá-la, obrigava-se por tudo. Trouxe à boca de cena do mundo, de caso raso, o que fora tão claro como água suja. Demonstrando-o, amatemático, contrário ao público pensamento e à lógica, desde que Aristóteles a fundou. (Rosa, 1979: 39-40)

Surge do que diz Jó Joaquim a si mesmo e aos outros uma "nova, transformada realidade, mais alta" (Rosa, 1979: 40). Mais alta porque, acima do que parecem atestar os sentidos, é pressentida pelo coração, que tem lá as suas razões para embaralhar lendas e verdades. Se é mais certa, não é possível nem pertinente, no caso, averiguar: "Celebrava-a, ufanático, tendo-a por justa e averiguada, com convicção manifesta. Haja o absoluto amar – e qualquer causa se irrefuta" (Rosa, 1979: 40). A comprovação de que as coisas de fato são como Jó Joaquim as apresenta sustenta-se nas palavras que vêm dos seus sentimentos, do seu desejo de felicidade. A verdade, afinal, é uma questão de fé: "Todos já acreditavam. Jó Joaquim primeiro que todos" (Rosa, 1979: 40). E a mulher agora tem um só e novo nome: nem Livíria, nem Rivília, nem Irlívia, Vilíria, estranho nome, que de imediato faz lembrar o lírio, símbolo de pureza, inocência e virgindade, mas que pode também "significar o final da metamorfose de um favorito de Apolo, Jacinto, e evocaria sob esse aspecto, amores proibidos" (Chevalier, 1988: 553-554). Ainda mais, o lírio pode ser compreendido como "a flor do amor", ambíguo e contraditório como o amor, e nesse sentido equivale a lótus, flor primeira que desabrocha e se eleva sobre águas turvas e estagnadas (Chevalier, 1988: 558-559), traduzindo a "realização das possibilidades antitéticas do ser" (Chevalier, 1988: 553-554).

Vilíria retorna, como já havia retornado antes, "sutil como uma colher de chá, grude de engodos, o firme fascínio" (Rosa, 1979: 39); agora, porém, "com dengos e fofos de bandeira ao vento", "nua e pura", "sem culpa" (Rosa, 1979: 40). Vilíria retorna, diferente e a mesma: não se trata de outra mulher mas de uma mesma mulher de múltiplas faces. Em Vilíria permanecem transformadas Livíria, Rivília e Irlívia: no presente, o passado e o futuro. Três tempos, três nomes, num só tempo, num só nome: a Vilíria de Jó Joaquim, ser de palavras, de palavras de amor.

A generosidade, a leveza: o modo de presença do narrador

Os paradoxos existem para que ainda se possa exprimir algo para o qual não existem palavras.
(Rosa, 1983: 68)

Na conhecida entrevista a Günter Lorenz, Guimarães Rosa manifesta uma poética apoiada na sabedoria e na prudência que, ao contrário da lógica, nascem do coração:

> (...) Por isso também espero uma literatura tão ilógica como a minha, que transforme o cosmo num sertão no qual a única realidade seja o inacreditável. A lógica, prezado amigo, é a força com a qual o homem algum dia haverá de se matar. Apenas superando a lógica é que se pode pensar com justiça. Pense nisto: o amor é sempre ilógico, mas cada crime é cometido segundo as leis da lógica. (Rosa, 1983: 93)

Poeta/alquimista, feiticeiro da palavra, o escritor, para escrever "precisa de sangue do coração" (Rosa, 1983: 85) e muito pouco, ou quase nada, do cérebro. Deve, ainda, ser um descobridor de caminhos não percorridos, assumindo os riscos de quem se aventura em desconhecidos atalhos. Deve apostar na possibilidade de outras, diversas lógicas, imprevistas, inventadas. "Colombo deve ter sido sempre ilógico, ou então não teria descoberto a América", diz Guimarães Rosa, assimilando a atividade de escrever com as invenções e as grandes descobertas (Rosa, 1983: 76). Descobridor, temerário, apaixonado e generoso, o escritor deve fazer de sua linguagem "a arma com a qual defende a dignidade do homem" (Rosa, 1983: 87).

Outras referências que auxiliam na compreensão das criações literárias de Guimarães Rosa são os contos/prefácios de *Tutameia,* eles também são uma espécie de poética do escritor. Comentarei aqui, rapidamente, algumas passagens de dois deles: "Aletria e Hermenêutica" e "Nós, os temulentos". No primeiro, temos explícita a defesa dos paradoxos e das contradições que provocam o riso e o espanto, possibilitando ao mesmo tempo a intuição do aparentemente incompreensível, do aparentemente absurdo, do inconcebível: por isso, a estória, como a anedota, deve encerrar ineditismo e não senso. O humor na estória serve para desestabilizar as relações lógicas que orientam nosso modo habitual de pensar e de sentir "propondo-nos realidade superior e dimensões para mágicos novos sistemas de pensamento" (Rosa, 1979: 3). Em "Nós, os temulentos", temos a engraçadíssima estória de Chico, o bêbado herói, que tenta, aos trancos e barrancos, cumprir a simples e rotineira ação de retornar para casa. O narrador não tece comentários sobre o humor e o paradoxo, como em "Aletria e Hermenêutica" mas identifica-se com a própria personagem (o título é um indício) para quem o "conflito essencial e drama talvez único" residia na "corriqueira problemática quotidiana, a qual tentava, sempre que possível, converter em irrealidade. Isso, a pifar, virar e andar, de bar em bar" (Rosa, 1983: 101). Também, nesse caso, o humor funciona para refletir "a coerência do mistério geral, que nos envolve e cria", "o suprassenso" da vida (Rosa, 1983: 4).

Prosseguindo, cabem algumas observações sobre o termo prefácio. Prefácio designa um texto ou advertência breve, que antecede uma obra escrita e que serve para apresentá-la ao leitor. *Tutameia (Terceiras estórias)* é um livro composto, conforme o primeiro índice, de 44 estórias, entre as quais incluem-se os quatro prefácios, destacados apenas pela forma itálica. Já no segundo índice, colocado ao final do volume, temos a seguinte organização: "Terceiras estórias (Tutameia)", "Índice de releitura", "Prefácios" (quatro títulos separados dos demais), seguidos de "Os contos". Sobre o título "Índice de releitura" deve-se esclarecer: a citação de palavras de Schopenhauer, no início e no final do livro, indicando uma segunda leitura, reafirma a importância de se compreender "muita coisa, ou tudo", "sob luz inteiramente nova" (Rosa, 1979: V). Desdobremos tal afirmação: para Guimarães Rosa, o escritor deve ser o que ele escreve: pode-se conhecer o caráter de um homem pela relação que ele mantém com o idioma, sendo o idioma a metáfora da sinceridade. A legítima literatura nasce da vida e deve ser a voz do coração, das entranhas da alma. Encontrar as palavras sinceras, que devem ser o "espelho da alma" (Rosa, 1983: 78, 83 e 84), exige um trabalho de depuração "das impurezas da linguagem cotidiana" (Rosa, 1983: 81); encontrar as palavras sinceras é encontrar o seu sentido original, é encontrar o homem, pois a palavra, mais do que expressar o que o homem sente e pensa, faz significar a humanidade: a palavra é o próprio homem, é nela que o homem, condenado a *representar* a própria humanidade, aquilo que lhe é substancial, constrói uma imagem de si mesmo e do outro. A experiência da sinceridade leva, assim, à experiência do paradoxo: ser sincero é descobrir-se um mistério, um estranho a si mesmo. Paradoxalmente, é essa mesma condição contraditória, irredutível às lógicas explicações, que torna possível ao homem inventar o seu destino, não no sentido mais evidente de invenção a partir do nada, mas de invenção a partir do que a vida lhe concedeu; trata-se de afirmar as circunstâncias a favor da dignidade, da justiça e do bem, transformando o que poderia cristalizar-se em destino adverso – as fatalidades – em necessidade vital, sempre conforme a lógica dos bons sentimentos.

Em "Desenredo", estamos diante de um narrador/escritor – muito próximo do narrador oral, do anônimo contador de casos – que, dirigindo-se "aos seus ouvintes" (Rosa, 1979: 38), faz-se generoso e bem humorado porta-voz de contraditórias vozes: a "voz do povo" (o senso comum) e as outras vozes (o "nonsense", o imprevisível, as diferenças). Parafraseando o narrador, a estória de Jó Joaquim tinha tudo para não terminar bem: estória de amor e traição, de perdas irreparáveis, de solidão e sofrimento acima dos limites do homem. Mas os fatos, no caso, não contam, ou contam muito pouco. O que importa é o modo como eles se apresentam pela voz do(s) narrador(es). Causa estranheza o procedimento desse narrador, de fala ambígua e frágil, sempre na iminência de desmoronar, como o próprio Jó Joaquim que faz a travessia "no frágio da barca": "Todo abismo é navegável a barquinhos de papel", diz quem conta a estória, logo no início (Rosa, 1979: 38 e 39). Paciente e cauteloso, Jó Joaquim sofreu a primeira traição: "(...) exercitava-se a aguentar-se, nas defeituosas emoções", enquanto "as coisas amaduravam". "O tempo é engenhoso", e "em seu franciscanato", Jó Joaquim aguardava melhores dias. Um certo dia morre o marido e "para feliz escândalo popular" (Rosa, 1979: 39), casam-se então Jó Joaquim e a amada. Acontece, porém, outra traição. Ainda e sempre prudente, Jó Joaquim rende-se ao inexplicável, ao incompreensível; ao mesmo tempo, no entanto, toma a palavra com a qual desfaz o enredo em que esteve sempre envolvido, desembaraçando-se das amarras do cotidiano, das velhas estórias e seus previsíveis desfechos:

> Entregou-se a remir, redimir a mulher, à conta inteira. (...) Nunca tivera ela amantes! Não um. Não dois. Disse-se e dizia isso Jó Joaquim. Reportava a lenda a embustes, falsas lérias escabrosas. Cumpria-lhe descaluniá-la, obrigava-se por tudo. Trouxe à boca de cena do mundo, de caso raso, o que fora tão claro como água suja. Demonstrando-o, amatemático, contrário ao público pensamento e à lógica, desde que Aristóteles a fundou. O que não era tão fácil como refritar almôndegas. Sem malícia, com paciência, sem insistência, principalmente. (Rosa, 1979: 38-40)

A estória vai-se então desconstruindo nas palavras de Jó Joaquim e, em seu lugar, configurando-se uma inédita e renovada realidade. Com palavras apenas se contam estórias, mas também reinventam-se estórias. Das palavras não apenas nascem os livros:

> Meditando sobre a palavra, ele (o homem) se descobre a si mesmo. Com isto repete o processo da criação. Disseram-me que eu era blasfemo, mas eu sustento o contrário. Sim! A língua dá ao escritor a possibilidade de servir a Deus corrigindo-o, de servir ao homem e de vencer o diabo, inimigo de Deus e do homem. A impiedade e a desumanidade podem ser reconhecidas na língua. Quem se sente responsável pela palavra ajuda o homem a vencer o mal. (Rosa, 1983: 83-84)

Corrigindo a Deus e seus impiedosos desígnios, Jó Joaquim, com palavras generosas, serviu à vida, à Vilíria, a si mesmo e a todos as homens. Indissolúveis, experiência e narração constroem uma verdade, a verdade que só faz sentido nas palavras de quem as pronuncia e para quem nelas acredita. Para contar essa estória de enredo conhecido e final sempre infeliz, transformando-a em imprevisível final feliz, sem qualquer resíduo melodramático, o narrador, com a mesma leveza e generosidade de seu personagem, utiliza, entre outros recursos o humor. O humor está presente nas paródias aos ditos populares: "Imaginara-a jamais a ter o pé em três estribos" (referindo-se à primeira traição de Vilíria); "Vá-se a camisa, que não o dela dentro" (sobre a capacidade de resistência de Jó Joaquim); "A bonança nada tem a ver com a tempestade" (a respeito das inexplicáveis reviravoltas do destino) (Rosa, 1979: 38 e 39).

É também com humor que o narrador afirma indagando: "Jó Joaquim, cliente, era quieto, respeitado, bom como o cheiro de cerveja. Tinha-o para não ser célebre. Com elas quem pode, porém?". Mais adiante: "Todo fim é impossível? Azarado fugitivo, e como à Providência praz, o marido faleceu, afogado ou de tifo. O tempo é engenhoso"; "A bonança nada tem a ver com a tempestade. Crível? (...)"; "Entregou-se a remir, redimir a mulher, à conta inteira. Incrível?"; "Criava nova, transformada realidade, mais alta. Mais certa?" (Rosa, 1979: 38, 39 e 40).

É ainda como quem "navega o abismo a barquinhos de papel" que esse narrador (na perspectiva de Jó Joaquim, que pouco, ou quase nada compreende da realidade aparente) sustenta nas tênues fronteiras do discurso indireto livre o não dito, as interrogações e as reticências, marcas linguísticas das vozes dissonantes, da perplexidade dessas vozes, perplexidade expressa ainda nas afirmações paradoxais, que alinhavam o texto, frágil "barco de papel" construído sobre o abismo sem-fim de tantos familiares enredos, tantas desgastadas palavras.

Referências bibliográficas

DUCROT, Oswald. "Referente". In: *Enciclopédia Einaudi. Linguagem/Enunciação,* volume 2. Lisboa: Imprensa Nacional-Casa da Moeda, 1984.

BAKHTIN, Mikhail. *Marxismo e filosofia da linguagem.* São Paulo: Editora Hucitec, 1997.

_____. *Questões de literatura e de estética (A teoria do romance).* São Paulo: UNESP, 1998.

CHEVALIER, Jean e GHEERBRANT, Alain (e colaboradores). *Dicionário de símbolos.* Rio de Janeiro: José Olympio, 1988.

MAINGUENEAU, Dominique. *O contexto da obra literária.* São Paulo: Martins Fontes, 1995.

_____. *Elementos de linguística para o texto literário.* São Paulo: Martins Fontes, 1996.

_____. *Novas tendências em análise do discurso.* Campinas, SP: Pontes/Editora da Universidade Estadual de Campinas, 1997.

ROSA, João Guimarães. "Desenredo". In: *Tutameia (Terceiras estórias).* Rio de Janeiro: José Olympio, 1979, pp. 38-40.

_____. "Aletria e hermenêutica". In: *Tutameia (Terceiras estórias).* Rio de Janeiro: José Olympio, 1979, pp. 3-12.

_____. "Nós, os temulentos". In: *Tutameia (Terceiras estórias).* Rio de Janeiro: José Olympio, 1979, pp. 101-104.

"Diálogo com Guimarães Rosa". In: *Guimarães Rosa. Fortuna Crítica.* Coletânea organizada por Eduardo de Faria Coutinho. Rio de Janeiro: Civilização Brasileira; Brasília: INL, 1983, pp. 62- 97.

SANTOS, Lívia Ferreira. "A desconstrução em *Tutameia*". In: *Guimarães Rosa. Fortuna Crítica.* Coletânea organizada por Eduardo de Faria Coutinho. Rio de Janeiro: Civilização Brasileira; Brasília: INL, 1983, pp. 536-61.

Estética, política e linguagem: por uma teoria da literatura brasileira em *Os bruzundangas*, de Lima Barreto

Enivalda Nunes Freitas e Souza

A literatura de Lima Barreto, bifurcada em discurso consciente, de verniz panfletário, e discurso ficcional, que nada mais é do que a estilização literária de sua consciência social, realça as contradições de sua época, a Primeira República. Insatisfeito com a política e com as produções literárias daquele momento, Lima Barreto conclama a uma reforma social e literária, fazendo-o por meio da sátira. Depositando suas crenças num poder messiânico da arte, o autor acredita que somente pela reforma das letras a sociedade reverteria sua atuação social, partindo do princípio de que a literatura e o poder político, econômico e social da Primeira República pertenciam a uma elite. A grande questão, para Lima Barreto, é que o poder político e o poder literário estavam entrelaçados. Sua crônica intitulada "Capítulo Especial – Os Samoiedas", de *Os bruzundangas,* expressa o problema e aponta para uma teoria sobre a arte.

A estrutura dessa crônica repete a técnica do autor para com o gênero: geralmente parte de uma situação mais ampla e vai afunilando até chegar nos pontos eleitos para realçar sua crítica. Após uma longa exposição do assunto, insere as personagens que vão adensar e fundamentar a discussão do tema enfocado, quando a crônica já está caminhando para o final. Desta forma, o autor age como que despropositalmente, como se aquele desdobramento fosse inevitável e espontâneo. Sobre esse procedimento, comum à sátira, observou Henri Bergson, falando da caricatura:

> Para parecer cômico, é preciso que o exagero não pareça ser o objetivo, mas simples meio de que se vale o desenhista para tornar manifestas aos nossos olhos as contorções que ele percebe se insinuarem na natureza.[1]

Assim, a sátira não se configura como um objetivo moldado pela vontade e pela maldade, mas como uma imposição, um dado que se lança aos olhos do escritor exigindo que ele o revele a nós.

Essa sátira "especial", cujo tema o autor chama de "capítulo dos mais delicados", elege para crítica a literatura vigente no país dos bruzundangas no início do século XX. Esse texto pode ser considerado um manifesto contra o Parnasianismo e o Simbolismo, uma vez que esses estilos literários, egressos do século XIX, desfrutaram de longa duração entre os poetas brasileiros, conquistando ressonância até mesmo depois do Modernismo de 1922. Parnasianismo e Simbolismo se destacam pelo distanciamento da realidade brasileira. A crônica de Lima Barreto é uma sátira a essas estéticas, o que resulta em uma defesa da literatura segundo as concepções barretianas.

Em termos gerais, encontramos em "Os Samoiedas" as relações da mímese com a realidade, a função da literatura e a função do poeta, o particular e o universal, além da crítica severa do autor à importação cultural e mal assimilada que se dá entre os bruzundanguenses, substantivo que na tropologia barretiana significa brasileiros. É justamente por esse aspecto que Lima Barreto inicia seu texto: na observação de como as manifestações artísticas, em especial a literatura, germinam em países estrangeiros e por aqui aportam: por força, e não por adequação, a expressão literária de um povo, por vezes inexpressiva e de segunda ordem em seu país de origem, é conformada à necessidade bruzundanguense e tomada como arte ideal a ser imitada e venerada.

Os *Samoiedas* são os poetas que professam a arte de um príncipe que teria nascido às margens do Ártico, na Sibéria, o qual se alimentava com carne de mamute que ficara armazenada nas geleiras. Teria escrito o poema "O silêncio das renas no campo de gelo", e era de uma beleza sem par. Na verdade, tratava-se de um esquimó com todas as características que conhecemos, mas que a mente fantasiosa e preconceituosa dos samoiedas de Bruzundanga, pautada por uma ideologia que denega sua própria raça, tratava de subverter:

> Quando se conteste no tocante à beleza de tais esquimós, respondem categoricamente que a devem ter extraordinária, pois quanto mais fria é a região, mais belos são os seus tipos, mais altos, mais louros, e os samoiedas vivem em zona frigidíssima.[2]

Na pena corrosiva e certeira de Lima Barreto, a arte estrangeira é auratizada, transfigurada e superestimada. Exalta-se o elemento europeu, o homem loiro, partindo do princípio de que tudo que não é da terra é de qualidade superior e de beleza inigualável. O negro, o mulato bruzundanguense, não está autorizado a produzir literatura, expressar suas opiniões, mas o esquimó converte-se em príncipe loiro e sua literatura torna-se digna de imitação, com um agravante: muitas vezes sua literatura é de péssima qualidade, limitada, sem ressonância universal alguma. O esquimó de "Os Samoiedas" representa o autor e a literatura de segunda e terceira ordem de outros povos, de uma cultura estrangeira, cujo mérito maior é ser de fora e cuja sorte foi o destino de ser conhecido pelos literatos de Bruzundanga. Para nosso autor, as razões dessa importação desenfreada da cultura estrangeira justificam-se pela inópia poética de nossos "expoentes", que exaltam o outro para disfarçar a pobreza de sua própria arte.

Excetuando os exageros próprios da sátira, sem os quais esta não atingiria seus propósitos, Lima Barreto acusa no literato brasileiro um macaqueador da estética estrangeira, elencando os procedimentos mais comuns dessa imitação grosseira. Assim como os bruzundanguenses absorvem, muitas vezes, uma literatura de qualidade duvidosa, pautam-se, também, por informações de terceira mão, jamais buscando as origens da verdadeira fonte literária: atribuem o início da escola a alguém e passam a segui-lo, sem nunca ter lido sua arte. O percurso da novidade estética é assim registrado: a origem do mito do príncipe samoieda estaria no livro de um pesquisador inglês que colheu da boca de um esquimó o referido poema e compilou mais algumas poesias. Contudo, é um aventureiro francês que se serve desse livro e divulga a arte samoieda. Porém, não é por meio do francês que os bruzundanguenses entram em contato com essa arte, e sim por um discípulo basco desse aventureiro.

Além da qualidade duvidosa da arte importada, acrescente-se o caminho tortuoso e equivocado percorrido pelos intelectuais de Bruzundanga: jamais se guiam pela origem, a fonte primeira, raramente pelo divulgador (papel historicamente desempenhado pela França) e sempre por um seguidor, que, no caso específico do Brasil – sabendo que Bruzundanga refere-se a Brasil – nos faz lembrar de Portugal. Aos bruzundanguenses, lidando com um produto de terceira mão, nada restaria de qualidade, considerando o percurso empreendido para sustentar sua arte, conforme afirma Antonio Candido em sua *Formação da literatura brasileira*: "A nossa literatura é galho secundário da portuguesa, por sua vez arbusto de segunda ordem no jardim das Musas."[3] Portanto, a crítica de Lima Barreto, que escreveu no início do século passado, é pontual e toca na ferida dos intelectuais brasileiros que, infelizmente, repetem fórmulas europeias que aqui chegam esvaziadas e desgastadas, cujos princípios básicos se perdem ao longo do percurso.

A certa altura da crônica uma personagem, justificando alguns disparates de seu verso, afirma: "tenho por princípio obedecer às mais duras e rígidas regras". Essa afirmação, e outros conceitos apontados ao longo do texto, que passaremos a assinalar a seguir, explica a epígrafe colocada por Lima Barreto na crônica em questão: "Vazios estais de Cristo, vós que vos justificais pela lei: da graça tendes caído. São Paulo aos Gálatas". A advertência de Paulo aos Gálatas repousa na contraposição entre lei e graça, e se explica no contexto bíblico devido ao fato de os judeus convertidos a Cristo não estarem aceitando a suficiência de Sua graça, manifesta na salvação dos homens pelo seu ato sacrificial, exemplo de benevolência e amor que ultrapassa a razão humana e excede a todo entendimento. Para os novos convertidos, a graça em si não bastava, era necessário continuar cumprindo a lei, suas regras, seus ritualismos, suas exigências ordinárias, justificando, assim, a salvação pelo ato humano, o que significa dar mais relevância ao que é menos importante.

Da mesma forma que a lei era um empecilho à experiência viva e plena do cristão, os preceitos teóricos da escola samoieda, levados às últimas consequências por seus seguidores, eram os responsáveis pelo esvaziamento ("os preconceitos da escola os matava") daquilo que a arte tem de mais importante: seu poder de falar aos sentimentos humanos, de comunicar o que há de mais universal em cada um de nós:

> Que se dissesse usando dos processos artísticos, novos ou velhos, de um pouco do universal que há em nós, alguma cousa do mistério do universo que o nosso espírito

> tivesse percebido e determinasse transmiti-la; enfim um julgamento, um conceito que pudesse influir no uso da vida, na nossa conduta e no problema do nosso destino, (...).[4]

Lima Barreto faz alusão a "funções" que a literatura deveria ou poderia desempenhar, ressaltando que, seja qual for a função da literatura, ela será tanto mais verdadeira quanto mais o autor conseguir se colocar no texto, imprimindo "um julgamento, um conceito", isto é, uma pessoalidade, um jeito único de apreender a realidade circundante, as emoções universais que definem a existência e a essência humanas. Enfim, o autor requer uma literatura no mínimo original, viva, que além de revelar o universal que há em nós seja capaz, também, de "influir no uso da vida". Essa função da literatura, pelo que fica exposto, transcende a própria concepção barretiana da arte como missão social, se não considerarmos a subjetividade e os elementos que a enfronham como um fator social. Sobre o papel da subjetividade na literatura de cunho social, Theodor Adorno afirma em seu "Discurso sobre lírica e sociedade":

> Em todo poema lírico a relação histórica do sujeito com a objetividade, do indivíduo com a sociedade, tem que ter encontrado seu fundamento por intermédio do espírito subjetivo, voltado para si mesmo (a identificação com o todo dá-se com a identificação com o "eu").[5]

Segundo Adorno, é impossível um poema encontrar ressonância social se este não for mediatizado pela linguagem: "É pela *linguagem* que a subjetividade se transforma em objetividade. A língua é individual e social ao mesmo tempo (a linguagem aspirando por si e de si)."[6] Se a linguagem empregada pelos samoiedas tem um fim nela mesma, uma vez que não denuncia nenhuma pessoalidade e privilegia elementos composicionais que deveriam estar apenas sustentando um tema, conforme afirma Lima Barreto no final do parágrafo transcrito, a poesia samoieda não desempenha nenhuma função.

A arte correspondente à samoieda no Brasil seria a praticada pelos parnasianos e simbolistas, a quem Lima Barreto dirige sua crítica. Cada aspecto criticado da arte samoieda nos remete, imediata e mais particularmente, ao estilo parnasiano e suas concepções estéticas.

Um dos primeiros procedimentos estéticos criticados em "Os Samoiedas" refere-se à diferença da "língua falada pela gente instruída e a escrita por muitos escritores", língua ironicamente considerada como "excelente" pelo narrador, daquela "que escreviam os literatos importantes, solenes, respeitados". A língua desses autores, segundo o narrador, é muito diferente da usual, quase irreconhecível, e é esta língua que é considerada a verdadeira, "justificando isso por ter feição antiga de dous séculos ou três". Ora, além de ser uma língua de ornamento, que muitas vezes valia pela sua sonoridade e pela "beleza" retórica que julgava ostentar, também representava a ideologia dominante, o poder de uma classe que contava com o poder há mais de "dous séculos ou três". O domínio português passou à hegemonia da língua escorreita, adotada pelos poetas burocratas distanciados da maioria cultural brasileira, cuja língua, por influência dos negros e índios, necessariamente divergia da língua da minoria elitizada da nação.

Outro ponto assinalado pelo narrador é a ausência, na literatura de bruzundanga, da literatura oral e popular, cuja riqueza é desprezada, desconsiderada. Para a arte elitizada cuja língua se distancia do povo, a consequência imediata é o desapreço a essa produção espontânea. As crônicas de *Os bruzundangas* são publicadas a partir de 1917; com essa advertência sobre o aproveitamento da cultura popular, Lima Barreto antecede os Andrade: uma das pedras de toque do Modernismo de 22 será a inclusão, na forma literária, do folclore, do cotidiano, da cultura, da fala popular, conjugando desses temas com uma linguagem poética simples, que acompanhe o jeito simples do povo e da sua expressão: "A língua sem arcaísmos, sem erudição. Natural e neológica. A contribuição milionária de todos os erros. Como falamos. Como somos."[7]

O zelo e o apreço de Lima Barreto pelas manifestações populares, evidenciados em outras obras, como em *Triste fim de Policarpo Quaresma,* a visão de uma literatura cuja língua esteja próxima do falar comum – o que não significa uma língua desprovida de qualidades estéticas – antecipa as ideias modernistas, proclamadas como se anunciassem a descoberta da pólvora, e atesta a postura modernista do autor de *Os bruzundangas.*

Em seguida ao comentário sobre a literatura oral, o autor insere em sua crônica, a título de exemplo, um conto recolhido da oralidade, "O General e o Diabo", que apresenta a variante "O Padre e o Diabo". Da história original, que foi passando de pai a filho, o narrador só conhece o tema, aproveitando-o sob o título de "Sua Excelência", dando à sua recriação um cunho político.

Assegura o narrador que os samoiedas, além de não darem importância a essas histórias, eles mesmos quase não têm obras escritas, uma vez que suas produções ficam na "oralidade": "discursos em batizados ou casamentos", "poesias recitadas nas salas" etc. São poetas que esperam e querem apenas as glórias literárias, "sem querer arcar com as dores, com o esforço excepcional, que elas exigem em troca". Esses poetas disfarçam suas deficiências, sua falta de talento com "passes de mágica intelectuais", escudados pelos modelos importados que "facilitavam muito o ofício de fazer verso". Em suma, "a questão deles era encontrar uma espécie de tabuada que lhes fizesse multiplicar a versalhada". É por essa época também, em 1923, quando as crônicas de Lima Barreto saem em volume, que Monteiro Lobato publica em jornal o conto "Marabá", cujas primeiras linhas apontam para o problema das "receitas":

> Bom tempo houve em que o romance era coisa de aviar com receitas à vista, qual faz o honesto boticário com os seus xaropes. (...) Quer indianismo? Ponha duas arrobas de Alencar, uns laivos de Fenimore, pitadas de Chateaubriand, graúnas *quantum satis,* misture e mande.
>
> Receitas para tudo.[8]

Oswald de Andrade, no "Manifesto da poesia Pau-Brasil", em 1924, fará referência ao "fenômeno de democratização estética", criticando a reprodutibilidade técnica que, em muitos casos, ocupava o lugar da arte. Dentro desse processo de "fábrica", "só não se inventou uma máquina de fazer versos – já havia o poeta parnasiano."[9] Pelo exposto, fica claro que o moderno já estava no pré-moderno, considerando que, cronologicamente, Lima Barreto foi, dos três, o primeiro a levantar a questão, manifestando-a literariamente. Contudo, a história da literatura brasileira tem sido de mão única, seletista. O cânone literário foi estabelecido mediante nomes e fatos que, de alguma forma, estivessem ligados ao poder. É preciso que certas verdades, já publicadas, portanto correntes e de domínio público, saiam da lavra de um moço rico e bem-nascido para que ganhem *status* e legibilidade.

Por outro lado, o fato de Lima Barreto, Monteiro Lobato e Oswald de Andrade levantarem a mesma polêmica, significa que esses autores não estavam "descobrindo" o fenômeno e sim constatando as incoerências e intemporalidades de uma prática literária já por demais desgastada, como é o caso do Parnasianismo. Além de negar-se ao que se chama de "realidade brasileira" – a literatura brasileira não o deixa de ser por prescindir desse fator –, apresentar uma poesia esvaziada de sentimentos (na maioria dos poetas parnasianos, não em todos, como afirma Lima Barreto: "Não nego que houvesse entre eles alguns de valor"), havia um problema maior, que era o excesso de "zelo" para com as regras composicionais. Assim diz o narrador sobre as regras: "adotaram-nas como artigos de fé, exageraram-nas até ao absurdo".

Para acentuar o caráter satírico de sua crônica, que a essa altura ainda não contava com as personagens em cena, Lima Barreto os introduz em uma conversa de café. De imediato percebemos as duas situações antitéticas, o abismo que as separa e o disparate na tentativa de adequação da realidade alienígena à realidade samoieda:

> A Bruzundanga, como sabem, fica nas zonas tropical e subtropical, mas a estética da escola pedia que eles se vestissem com peles de urso, de renas, de martas e raposas árticas.
>
> É um vestuário barato para os samoiedas autênticos, mas caríssimo para os seus parentes literários dos trópicos.
>
> Estes, porém, crentes na eficácia da vestimenta para a criação artística, morrem de fome, mas vestem-se a moda da Sibéria.
>
> Estavam assim vestidos, naquela tarde, quente, ali naquele café da capital da Bruzundanga, três dos seus novos e soberbos vates; estavam ali: Kotelniji, Wolpuk e Worspikt, o primeiro que tinha aplicado o *vernier* para "medir" versos.[10]

A sátira se assenta no comportamento hilário dos poetas que importavam com a estética a forma de vestir-se e o artigo das vestimentas: roupas de peles de animais, adequadas a países muito frios, julgando imbuírem-se de espírito criativo por meio das vestimentas. O autor critica a necessidade de seguir-se à risca as estéticas europeias, importando estilo literário e de vida. Ao longo de nossa história literária, podemos perceber que os colonizadores trouxeram consigo seu pensamento e seu comportamento. Um exemplo disso seriam as "academias": dos renascidos, dos esquecidos, dos ultramarinos... Nomes que nos remetem a uma hereditariedade, a um parentesco; familiaridade que nós insistimos em preservar, malgrado todas as diferenças que nos separam e as indiferenças dos parentes "de lá", as quais fingimos desconhecer. Lima Barreto assinala que os "hábitos" europeus, além de serem inadequados a nosso clima, também são muito caros, considerando que nem todos os poetas possuem recursos para tal ostentação. Situação duplamente ridícula.

No final do século XIX e início do século XX, vivia-se no meio literário brasileiro um clima festivo, de poesia de salão e de poetas emplumados que não raro se beneficiavam do sistema vigente, como funcionários públicos. Não se inserindo, como homem e como intelectual, nesse meio, atento a uma realidade chocante e de desprezo em que estava mergulhado o Brasil, exigindo da arte e dos artistas uma função mais pragmática, Lima Barreto satiriza, critica, aponta verdades já conhecidas, fazendo o oposto da arte em vigor.

As últimas linhas do excerto transcrito falam do poeta samoieda que havia aplicado um instrumento para "medir" a exatidão de seus versos. Sabe-se que o rigor formal, sempre confundido com métrica perfeita, era uma das exigências máximas do Parnasianismo.

É recorrente nessa crônica a preocupação de Lima Barreto com a impessoalidade que caracteriza a poesia samoieda (facilmente traduzida por parnasiana), procedimento expresso na metáfora da "reza que não passa pelo coração". Sobre a harmonia imitativa – nesse elemento da poética samoieda há muito do estilo simbolista, que na preservação da beleza expressional do poema muito se confundiu com o estilo parnasiano –, o narrador dará um exemplo nas linhas seguintes. Quanto aos demais elementos composicionais, o narrador assinala o defeito vicioso de se ter isolado esses elementos em busca de um determinado efeito, fazendo-os perderem sua importância e eficácia quando tratados em harmonia. O acessório transformou-se em peça básica. Sabe-se que ritmo, nobreza de palavras e assuntos aristocráticos compreendiam a roupagem elegante de que se revestia a poesia parnasiana de qualidade inferior.

O narrador se aproxima da tríade, que acabara de ouvir um poema de um dos confrades, e percebe que o tema era sobre lua e *iceberg*. Chama atenção pelo fato de nenhum deles jamais ter visto um *iceberg*, "mas gabavam os ouvintes a emoção com que o outro traduzira em verso o espetáculo desse fenômeno". Se observarmos a "fonte" da emoção, o verso "há luna loura linda leve, luna bela!", indubitavelmente a crítica é muito mais para "a emoção com que o outro traduzira em verso" do que para o tema em si, fenômeno improvável nos trópicos, que em nada importa ao caráter universal da arte. Criticando severamente o abismo entre forma e conteúdo ao mostrar que os exageros da representatividade podem atrofiar o significado, Lima Barreto revela que, no caso específico, as aliterações e assonâncias, as imagens, não exprimem nenhuma ideia, mas o poeta samoieda julga que é uma harmonia imitativa soberba, que dá ideia de luar. Um outro poeta, embora admirando a criação do confrade, diz que o ideal para imitar a lua seria usar "u": "Ui! lua uma pula, tu moo! sulla nuit!", ao que o terceiro faz objeção, devido a presença de muitas línguas no poema. A réplica é imediata e pontual: "– Quantas mais, melhor, para dar um caráter universal à poesia".

Se o leitor imaginou que Lima Barreto criticava unicamente o tema da poesia, desconsiderando a imaginação, a fantasia, a liberdade criativa que permite ao poeta dos trópicos versar sobre *iceberg,* está claro que quem não entendia de universalidade da poesia eram os poetas, os quais julgavam encontrá-la na forma fria, rígida, de assombrosa sonoridade, e nos temas nobres – por isso mesmo, pela nobreza dos temas, distantes do universo tropical, da sociedade e da cultura brasileiras. Ao poeta em questão, universal é a forma e não o conteúdo.

A sugestão sonora do verso, quesito indispensável da estética simbolista, pode chegar às raias do exagero e da imaginosidade, sugerida por alguns manuais e como, certamente, alguns poetas a empregam. Lima Barreto encarece nos exemplos para acentuar o efeito satírico, mostrando que nenhum elemento vale por si só, e que nenhuma "harmonia imitativa" supera a ausência da emoção, do sentimento que se quer comunicar. E, assim, os poetas discutem a melhor vogal, que vai ganhando os mais inusitados contornos: "*e* molhado que evoca bem o luar deles...", "O *a é* o espanto; seria aí o espanto do homem dos trópicos, diante da estranheza do fenômeno ártico que ele não conhece e o assombra." O que fica sugerido é que se o leitor quiser encontrar alguma mensagem, se quiser que a poesia comunique algo a ele, o leitor terá que criar, inventar coisas que não estão no texto. A leitura e recepção do poema partiriam de "explicações" extraliterárias, desconsiderando que o texto literário é um convite ao leitor a prosseguir. Se o texto necessitar de uma explicação que trave o seu entendimento, o texto está problemático. Em alguns casos, se o leitor puder contar com alguma informação extratexto que enriqueça sua compreensão, não há motivo para não usá-la. Mas essa será, sempre, uma informação complementar, jamais imprescindível.

Lima Barreto sintetiza sua concepção da poesia vigente escrevendo que o principal poeta samoieda, com prerrogativas de grande mestre, estatuiu "as leis científicas da escola perfeita". Sob o olhar satírico, cuja visão recai sobre os aspectos negativos, a poesia dessa escola seria a que: dá sono, é monótona, não se comunica por si só e que se contorcerá para "imitar" o tema proposto.

Ainda que os três poetas samoiedas possam ser uma alusão aos nomes de Olavo Bilac, Alberto de Oliveira e Raimundo Correia, nomes que compõem a tríade parnasiana, ainda que o manual do poeta lembre o *Tratado de versificação* e o *Dicionário de rimas,* de Olavo Bilac, não se pode afirmar categoricamente que Lima Barreto criticava Olavo Bilac. Por outro lado, o *Tratado de versificação*, que Olavo Bilac escreveu em colaboração com Guimarães Passos, é tido pela crítica como "mera adaptação das duvidosas ideias de Castilho e de alguns teóricos franceses"[11], atributos que muito bem se aplicam às publicações do poeta samoieda:

> Além de uma gramaticazinha que nós aqui chamamos de tico-tico e da arte poética de Chalat aumentada e explicada com uma lógica de gafanhotos, não possuía ele um acervo de noções gerais, de ideias, de observações, de emoções próprias e diretas do mundo (...)[12]

A aproximação fica comprometida se tomarmos como certa a afirmação de R. de Magalhães Júnior de que Lima Barreto (além do jovem poeta Manuel Bandeira) votou em Olavo Bilac quando a revista *Fon-Fon!* o elegeu "Príncipe dos Poetas Brasileiros", no início de 1913.[13] Ademais, ao longo da crônica, o narrador assinala que havia bons poetas samoiedas. Certamente Lima Barreto sabia diferenciar a boa literatura da literatura de má qualidade. Em que pese os excessos da escola parnasiana, Olavo Bilac legou à literatura brasileira poemas antológicos. Manuel Bandeira, em seu *Itinerário de Pasárgada*, afirma que sabia todo o *Via-Láctea* de cor, e que jamais fora intenção sua atingir todos os parnasianos com seu poema "Os Sapos", apenas os maus poetas: "Nunca atacamos publicamente os mestres parnasianos e simbolistas, nunca repudiamos o soneto nem, de um modo geral, os versos metrificados e rimados."[14]

O narrador dedica o final da crônica às demais atividades do mais importante poeta samoieda, apontando seus envolvimentos e produções como escritor, ao que observa: "a importância do vate vinha de redigir *A Kananga*, órgão das casas de perfumarias, leques, luvas e receitas para doces, onde alguns rapazes, sob o seu olhar cioso, escreviam, para ganhar os cigarros, algumas coisas ligeiras". O narrador ironiza o elevado apreço do poeta pela função, que se comporta "como se estivesse escrevendo para a *Revue de Deux Mondes*". Sabe-se que Olavo Bilac foi um assíduo colaborador das revistas brasileiras mais importantes do início do século passado, dentre elas a *Kosmos*, revista ilustrada, para a qual escrevia a crônica de abertura.[15] Sua última colaboração é na *Revista do Brasil*, em 1918.[16]

Lima Barreto escreve *Os bruzundangas* a partir de 1917. Quatro anos haviam se passado desde seu voto ao "Príncipe dos Poetas Brasileiros". Em 1921, Mário de Andrade atribui a Bilac o epíteto de "deputado da beleza na terra do Brasil", em referência à perfeição e à "arte de agradar" desse poeta.[17] Em que pese o princípio da oposição que sustenta o encadeamento dos períodos literários, Olavo Bilac é considerado o maior dos poetas parnasianos, um grande mestre do passado. Se as características da escola samoieda nos remetem à escola parnasiana, se considerarmos o poeta samoieda como uma representação do "Príncipe dos Poetas Brasileiros", Lima Barreto, ao longo de quatro anos, reconsidera seu voto dado a Olavo Bilac e o critica severamente nessa crônica. A justificativa dessa crítica repousaria no fato de o escritor parnasiano fugir aos problemas do homem brasileiro e fazer parte da máquina governamental.

Como se percebe, o modo de Lima Barreto afrontar o sistema é o ultraje a suas formas "auratizadas". Estas se manifestam, a juízo do autor, na literatura de escritores que se agregam ao poder político e passam a representá-lo, uma vez que fazem da forma literária uma extensão desse domínio. Lima Barreto, inflado de revolta e desprezo, convida o leitor a refletir e, para se aproximar mais do povo, lança mão da crônica e da sátira, libertando-se do academismo ao adotar uma língua solta e uma sintaxe relaxada. Advogando em própria causa, ou traduzindo a insatisfação de uma grande maioria, a crônica "Os samoiedas", pelo gesto agressivo peculiar a toda sátira, mostra o descontentamento frente ao estabelecido e atinge as verdades primordiais. Na crônica em estudo fica explícito o ideal de uma arte mais próxima às questões humanas, físicas e metafísicas, com vista a um raio de ação mais vasto e dinâmico.

Notas

1 Henri Bergson. *O riso*, p. 63.
2 Lima Barreto. *Os bruzundangas*, p. 19.
3 Antonio Candido de Mello e Souza. *Formação da literatura brasileira.*
4 Lima Barreto. *Os bruzundangas*, p. 21.
5 Theodor Adorno. "Discurso sobre lírica e sociedade". In: Luiz Costa Lima. *A literatura em suas fontes*, p. 346.
6 idem, ibidem.
7 Oswald de Andrade. "Manifesto da poesia Pau-Brasil". In: Gilberto Mendonça Teles. *Vanguarda europeia e modernismo brasileiro*, p. 327.
8 Monteiro Lobato. "Marabá". In: *Negrinha*, p. 217.
9 Op. cit., p. 328.
10 Lima Barreto. *Os bruzundangas*, p. 21.
11 Alexei Bueno. "Nota editorial". In: Olavo Bilac, *Obra reunida*, p. 10.
12 Lima Barreto. *Os bruzundangas,* p. 23.
13 R. Magalhães Júnior. "O autor e sua obra". In: Olavo Bilac, *Poesias*, p. 238.
14 Manuel Bandeira, *Poesia completa e prosa*, p. 65.
15 R. Magalhães Júnior. Op. cit., p. 237.
16 Alexei Bueno. Op. cit., p. 74.
17 Mário de Andrade. "Olavo Bilac". In: Olavo Bilac, *Obra reunida*, p. 38.

Referências bibliográficas

ADORNO, Theodor W. "Discurso sobre lírica e sociedade". In: LIMA, Luiz Costa. *Teoria da literatura em suas fontes*. Rio de Janeiro: Francisco Alves, 1983.

ANDRADE, Oswald de. "Manifesto da poesia Pau-Brasil". In: TELES, Gilberto Mendonça. *Vanguarda europeia e modernismo brasileiro*. Petrópolis: Vozes, 1982.

BANDEIRA, Manuel. *Obra completa*. Rio de Janeiro: Aguilar, 1996.

BARRETO, Lima. *Os bruzundangas*. Rio de Janeiro: Ediouro.

BERGSON, Henri. *O riso: ensaio sobre o significado do cômico*. Lisboa: Guimarães Editores, 1993.

BILAC, Olavo. (Org. e introd. de Alexei Bueno). *Obra reunida*. Rio de Janeiro: Aguilar, 1997.

CANDIDO, Antonio. *Formação da literatura brasileira*. 2 vol. São Paulo: Martins, 1969.

LOBATO, Monteiro. *Negrinha*. São Paulo: Brasiliense, 1946.

MAGALHÃES JÚNIOR, R. "O autor e sua obra". In: BILAC, Olavo. *Poesias*. Rio de Janeiro: Ediouro, 1978.

O processo das trocas linguageiras no discurso acadêmico

João Bôsco Cabral dos Santos

A ideia deste trabalho surgiu com a motivação de discutir o processo de trocas linguageiras entre sujeitos, tomando por lugar discursivo as manifestações do discurso acadêmico na universidade. Para construirmos essa discussão precisamos, primeiramente, conceituar o que estamos chamando de trocas linguageiras, além de nos situarmos em um conceito de Discurso Acadêmico.

Entendendo as trocas linguageiras como a dinâmica do processo interativo que compreende as atividades interlocutivas perpassadas pelo intervalo histórico de dispersão dos sentidos, pretendemos refletir sobre como essas atividades se instauram no interior da enunciação universitária e são demarcadas através de um processo de enunciatividade do discurso acadêmico. Para melhor entendermos o funcionamento dessas trocas, torna-se necessário uma discussão sobre os actantes dessa prática linguageira, circunscrevendo-nos no arcabouço teórico da Teoria Semiolinguística de Patrick Charaudeau.

Já com relação ao Discurso Acadêmico, este será tomado no escopo deste trabalho como sendo uma manifestação de sentidos, vinculada a um conjunto de conhecimentos inter-relacionados, que serve de base referencial para caracterizar os sentidos construídos por um determinado grupo de sujeitos, que compartilham de uma mesma postura acadêmica. No processo de trocas linguageiras na universidade, esse discurso se instaura em um intervalo histórico permeado por tensões, por incompletudes discursivas e por uma oscilação sociopsicológica de processos identitários inerentes aos sujeitos circunscritos nesse discurso na universidade.

A seguir, construiremos uma breve discussão acerca da atividade sujeitudinal no processo das trocas linguageiras.

Os actantes da prática linguageira

Charaudeau introduz quatro instâncias de existência para os sujeitos na prática linguageira: um sujeito comunicante que se dirige a um sujeito interpretante, associado a um sujeito destinatário, que constrói uma imagem de sujeito enunciador. Dessa forma, o comunicante e o interpretante se instauram na interdiscursividade do processo enunciativo, enquanto que, o enunciador e o destinatário são interlocutores da realização discursiva.

O sujeito comunicante é uma instância que se insere em uma formação discursiva. Ele se situa discursivamente em um processo enunciativo, se apodera de um papel social e se circunscreve em uma relação de poder. Nessa perspectiva, seu discurso pode aparecer em formações discursivas diferentes e ele pode ser constituído em diferentes papéis sociais e em diferentes instâncias de poder.

Já o sujeito enunciador é um interagente intrapessoal do sujeito comunicante. Enquanto instância de fala no processo interativo, este sujeito intersecciona suas referencias e criva-as para o âmbito da realização linguageira. Dessa maneira, a realização de seus enunciados é atravessada por diferentes vozes.

Quanto ao sujeito destinatário, trata-se de um elemento engajado em um processo interativo pelo reconhecimento, inserção e identificação de seus referenciais com o processo enunciativo instaurado. Ele, de certo modo, procura interpretar o imaginário sentidural do sujeito enunciador.

Por fim, o sujeito interpretante que representa uma instância-alvo do sujeito comunicante. Ele é portador de referências que o inserem na formação discursiva do comunicante. Temos, pois, um sujeito que se situa em uma dimensão espacial, psíquica e social, de um universo sociocultural e político num lugar historicamente constituído.

Portanto, os sujeitos envolvidos em interações com o discurso acadêmico podem ocupar diferentes dimensões sociodiscursivas no processo de trocas linguageiras. Em seu papel comunicante, este circunscreve-se em sua referencialidade polifônica, adotando papéis sociais e se adequando a convenções e a normas de interação. Já em seu papel enunciador, instaura-se em um espaço de palavra que realiza enunciados, inseridos em uma produção de sentidos pertencentes a uma dada situação enunciativa. No que se refere ao seu papel de destinatário, ocupa o lugar discursivo de interlocutor-atribuidor de sentidos, crivados em um intervalo histórico de dispersão de sentidos. Por fim, no papel de interpretante, representa uma instância de idealização das condições de produção do processo enunciativo.

Na sequência, abordaremos alguns aspectos relacionados ao Discurso Acadêmico.

Sobre o Discurso Acadêmico

Considerando que a prática científica é fundada no suporte das instituições teóricas e que a utilização dessas teorias embasa procedimentos de aplicação em diversas áreas do conhecimento, é possível instaurar uma transversalização da ciência com os fatos do cotidiano. Essa transversalização constitui um discurso que se bifurca em cinco vertentes enunciativas: i) o Discurso Científico; ii) o Discurso Epistemológico, iii) o Discurso Epistemológico da Ciência; iv) o Discurso de Aplicação da Ciência e v) o Discurso da Ciência Aplicada. Tais manifestações discursivas são cotejadas como representações do Discurso Acadêmico.

O Discurso Científico se circunscreve em diferentes formações discursivas, porque tanto aparece em nível pragmático-institucional, quanto filosófico-fundador das práticas investigativas de indivíduos em uma sociedade. Ao se manifestar da primeira forma, aparece, através de registros institucionais, revelando as bases da *praxis* acadêmica de um determinado grupo de sujeitos, vinculados a uma instituição. Ao se constituir da segunda maneira, evidencia a natureza das filiações epistemológicas e inserções discursivas, inerentes ao fazer científico desse grupo. Dessa forma, o Discurso Científico pode ser concebido como uma rede de pressupostos teóricos, dispostos em um *continuum* de sentidos, que estabelece parâmetros acadêmicos para a inserção dos sujeitos nesse *continuum,* de acordo com um processo de identificação, adesão ou reconhecimento epistemológico dos mesmos nesse processo.

Já o Discurso Epistemológico diz respeito às manifestações de sentidos em sua metaexistência, ou seja, a ocorrência da percepção desses sentidos com sua capacidade de provocar uma pluralidade de significações, de geração de novos princípios, conceitos, definições, objetivos, fatores e correlações na dimensão geral do saber.

No que se refere ao Discurso Epistemológico da Ciência, este está relacionado à natureza filosófica em que se funda uma área do conhecimento, formalizando suas bases genealógicas e seus suportes linguísticos, psicológicos, educacionais e técnicos. Tal discurso abrange a magnitude dos sentidos enquanto valor de verdade instituído entre uma variedade de significações, princípios, conceitos, definições, objetivos, fatores e correlações, que se inter-relacionam numa dimensão específica do saber, ou seja, esse discurso se funda na organização estrutural de axiomas, postulados e asserções geradoras de fenômenos, para representar um conhecimento posto, basilar, modelar e sistemático.

Quanto ao Discurso de Aplicação da Ciência, este parte de uma fundamentação teórica, para utilizar esses elementos em situações do cotidiano, ou inseri-los em diferentes enfoques, relacionados a diversas áreas do conhecimento. Trata-se de sentidos voltados para uma operacionalização de aspectos teóricos, tendo como meta objetivos preestabelecidos pelos sujeitos envolvidos em uma adequação e adaptação de elementos teóricos, com vistas a uma aplicação prática que deverá se restringir aos alcances possíveis da teoria em uso.

Com relação ao Discurso da Ciência Aplicada, trata-se de um discurso que se funda em questões que emergem em uma determinada prática diagnosticada e que, a partir da inserção teórica de elementos, servem de andaimes científicos a essas práticas, fazendo nelas emergirem percepções teóricas, neste caso, advindas de diagnósticos e proscritos na realidade vivida pelos sujeitos. Desta maneira, esse discurso possui outra rota de manifestação e movimentação dos sentidos ao longo do fazer científico, ou seja, os sentidos iniciais advêm de questões imanentes a uma prática constituída. É a partir de uma formalização acadêmica desses aspectos pragmáticos que se começa a instauração de um suporte teórico compatível com o fazer acadêmico proposto. Assim, o Discurso da Ciência Aplicada se constitui na dialética teoria-prática, apesar de circunscrever seu lugar fundador em uma *praxis* científica contextualizada e socioculturalmente instituída.

Como pudemos observar, essas manifestações discursivas são fundadas na gênese do Discurso Acadêmico, constituindo-se através de um imbricamento de sentidos que permeia, simultaneamente, bases filosóficas, hermenêuticas e pragmáticas.

Nas bases filosóficas, que são as que compreendem as direções do pensamento e os princípios organizadores desse pensamento encontram-se o Discurso Epistemológico e o Discurso Epistemológico da Ciência. O primeiro está relacionado aos metaprocedimentos do fazer científico, já o segundo, organiza e estabelece relações entre elementos teóricos, no interior de um campo de conhecimentos.

Com relação às bases hermenêuticas, estas dizem respeito a representações instituídas a partir de experiências realizadas ou de constatações factuais, que permitem emergir um universo conceitual, considerando a "autonomia relativa"[1] dessas experiências e fatos. É o caso do Discurso Científico que se materializa em uma perspectiva abrangencial, evidenciando a materialidade discursiva dos sentidos construídos na *praxis* acadêmica dos sujeitos, enquanto uma generalização do fazer teórico.

No que se refere às bases pragmáticas, elas estão relacionadas aos aspectos funcional, utilitarista e ajustável do fazer científico, ou seja, às ações acadêmicas objetivando uma finalidade prescrita, a fim de gerar um conhecimento, via de regra, de natureza empírica, embora com um caráter experimental e instrumental. Em decorrência disso, o fazer científico de base pragmática está quase sempre vinculado às "condições de coerência"[2] das experiências. É o caso do Discurso de Aplicação da Ciência e do Discurso da Ciência Aplicada em que o primeiro opera numa amplitude de sentidos teóricos prevalecentes em relação às suas aplicações práticas, enquanto que o segundo opera numa movimentação de sentidos que emergem a partir de práticas sociodiscursivas dos sujeitos, para uma formalização teórica posterior.

Dando continuidade à reflexão sobre as trocas linguageiras no discurso acadêmico, passaremos a descrever seu processo de ocorrência.

O processo das trocas linguageiras no Discurso Acadêmico

Considerando a universidade como espaço discursivo em que as trocas linguageiras no Discurso Acadêmico se realizam, observemos como os actantes desta prática se manifestam: existe um processo de actância comunicante que constrói uma imagem de perfil acadêmico para uma actância interpretante, sendo esta conjugada a uma actância destinatária, que recebe imagens de uma actância enunciadora. Nessa perspectiva diríamos que as actâncias comunicante e interpretante se instituem no âmbito da interdiscursividade do Discurso Acadêmico, enquanto que as actâncias enunciadora e destinatária se instalam no âmbito das realizações linguageiras neste discurso.

A actância comunicante se instaura na referencialidade discursiva do mundo acadêmico, representando as orientações gerais do fazer científico e influenciando as ações acadêmicas. Tal actância comporta, em sua constitutividade acadêmica, as filiações teórico-pragmáticas subjacente à referencialidade dos sujeitos nela engajados.

Já a actância enunciadora se situa na clivagem da referencialidade dos sujeitos participantes de uma comunidade acadêmica quando crivam: i) os referenciais de uma área do conhecimento; ii) os referenciais teóricos inerentes aos seus processos identitários de ação acadêmica e iii) os referenciais teóricos nos quais esses sujeitos se filiam para conduzir, politicamente, o fazer científico em uma dada comunidade acadêmica.

No que se refere à actância destinatária, esta se circunscreve, em nível enunciativo, numa inter-relação que envolve as actâncias interpretante e enunciadora. Tal circunscrição resulta de uma clivagem de sentidos a partir da imagem de perfil acadêmico construída nas outras actâncias, mas que revela uma identificação da actância destinatária com o processo de trocas linguageiras instaurado nas demais. Percebemos, pois, uma especulação sentidural múltipla em que correntes teóricas, atitudes acadêmicas e posturas político-científicas se heterogenizam num *continuum* direcionador do processo de trocas linguageiras. Elas nos colocariam, assim, diante de uma clivagem transversa em que teorias e sujeitos compõem uma prática científica e direcionam as ações acadêmicas.

Por fim, a actância interpretante, que representa a imagem de perfil acadêmico produzida pela actância comunicante, enunciada, linguageiramente, pela actância enunciadora e, concebida enquanto representação pela actância destinatária. Sendo esse processo historicamente constituído pelo entrecruzamento de vozes que projetaram essa imagem, a partir disso, essa representação construída na actância interpretante comportará um amálgama de sentidos imanentes, também, às demais actâncias.

Observamos, portanto, que o processo de trocas linguageiras no Discurso Acadêmico diz respeito às escolhas científicas adotadas para orientar os propósitos das ações acadêmicas pelos sujeitos envolvidos nesse processo. Tais propósitos se demarcam na constituição da dinâmica do pensar acadêmico, *referendum* de uma formação discursivo-ideológica denominada de *academia*.

Para ilustrar esse processo de trocas linguageiras, examinemos alguns depoimentos de membros de uma comunidade acadêmica que participaram de alterações curriculares em uma instituição federal de ensino superior.

> Um dos nossos objetivos era tentar abrir um leque de opções, não só fazer uma grade flexível aonde junto com disciplinas obrigatórias tivesse também um leque de optativas em que o aluno poderia se aprofundar naquela área de maior interesse.
> (Entrevistada 1)

> A preocupação da licenciatura tem muito a ver com o professor, com a inserção da Linguística Aplicada, das Metodologias; (...) formação do professor, ao invés de ter o ensino de Didática 1 e 2 para ter uma Didática Geral, e depois, a inclusão da Linguística Aplicada ao ensino de Língua Materna e Estrangeira separadas e a Metodologia que era também separada (...)
> (Entrevistada 1)

> E uma outra coisa, nós tínhamos no Departamento, na época, pessoas de formação muito diversificada. (...) Não houve uma imposição não, mesmo porque a diversificação era muito grande, inclusive nós estávamos fazendo um trabalho coletivo, se você quisesse ir para o Estruturalismo, tendesse mais para outra área, como a Gramática Tradicional, você tinha sempre um ponto de divergência que equilibrava.
> (Entrevistada 1)

A Entrevistada 1 foi uma das professoras que participou ativamente de uma das reformas curriculares em sua instituição. Sua voz, enquanto dimensão de uma actância enunciadora, representava um grupo acadêmico em sua universidade e evocava uma constituição teórica pluridisciplinar para a reforma curricular que propunha. Em seus argumentos, ela aponta a predominância de um grupo estruturalista em sua comunidade acadêmica, além de uma legião de adeptos da gramática tradicional.

Essa predominância evidencia o lugar discursivo de uma actância comunicante circunscrita no estruturalismo e filiada a práticas inseridas em uma gramática positivista das classes e dos sistemas, naquele espaço discursivo do Discurso Acadêmico. Quando a Entrevistada 1 enuncia o propósito de uma constituição teórica pluridisciplinar, ela insinua a possibilidade de abertura de outros espaços acadêmicos em função daquilo que ela denomina de *formação diversificada*.

Na actância interpretante situa-se a projeção do objetivo de oferecer disciplinas optativas como forma de operacionalizar o propósito de pluridisciplinaridade. Tal oferta, à medida que objetiva contemplar os interesses dos graduandos e de alguns outros membros da comunidade acadêmica, representa a imagem construída de uma actância destinatária.

Outro fator que chama a atenção nos depoimentos da Entrevistada 1 é a necessidade de desvincular a formação do professor de disciplinas exclusivamente ligadas à área de Pedagogia. A inserção das disciplinas Linguística Aplicada e Metodologia de Ensino, ministrada por professores da área de Letras, a nosso ver, é um pleito que acentua a necessidade de uma influência e uma constituição teórica, voltadas para os interesses das áreas da linguagem, e não apenas na abrangência de teorias de aprendizagem preconizadas na área de educação. Observamos, pois, uma manifestação da actância enunciadora, marcada na voz da Entrevistada 1, construindo um perfil acadêmico (actância interpretante), que reconhece essa formação genérica oriunda dos departamentos de pedagogia (actância comunicante), como uma lacuna na formação do professor de línguas (actância destinatária).

Vejamos alguns depoimentos do Entrevistado 2, que foi um professor que articulou uma das reformas curriculares na instituição federal de ensino superior em que os dados desta reflexão foram coletados.

> A literatura como área não estava contemplada nem no velho (o currículo) nem no intermediário. Num outro ela foi repensada mais agressivamente, tanto é que se criou teoria da literatura 1, 2 e 3 e aí veio as novas optativas, poética, narrativa etc., quer dizer, se pensou numa literatura de maneira mais agressiva, quer dizer, a gente não concebe uma licenciatura dupla, sem pensar nessa literatura, com uma literatura, com uma consciência, então por isso, já é desdobramento, isso é pensamento, (...) isso é resultado dessa discussão e dessa concepção, que acha que a literatura deve ser entendida como uma área do conhecimento, (...)
>
> (Entrevistado 2)

> O currículo é resultado daquilo que a gente faz com ele, então o grupo de professores nossos são responsáveis pela eficácia e pelo fracasso também.
>
> (Entrevistado 2)

> Eu participei da montagem do currículo, participei das discussões, foram muito interessantes, mas na hora de elaborar a ficha, eu elaborei com meu recorte, (...) Como eu leciono só inglês, eu vou me preocupar com o inglês (...) eu pra fazer o currículo, para montar as listas de disciplinas, foi usada a minha inteligência para isso. Eu como profissional do gerativismo transformacional, eu entro pra dentro da minha sala, e vou ensinar a gramática gerativo-transformacional.
>
> (Entrevistado 2)

Os depoimentos do Entrevistado 2 são exemplos de que está na actância comunicante, as vozes dos membros da comunidade acadêmica que são determinantes na orientação teórica dos cursos (manifestação do Discurso Acadêmico). O imaginário acadêmico do Entrevistado 2, revelado na actância enunciadora, parece o circunscrever no gerativismo transformacional. Além de evidenciar suas filiações teóricas, como se instaurasse no processo de trocas linguageiras como actância comunicante, o Entrevistado 2 sugere em seus argumentos uma postura sectária, por vezes comum entre membros de uma comunidade acadêmica.

No entanto, observamos que o Entrevistado 2 denega sua responsabilidade diante da elaboração do currículo, dividindo-a com os demais membros da comunidade acadêmica. Percebe-se, no âmbito dos interdiscursos de sua fala, uma tentativa de apagamento das actâncias interpretante e destinatária.

Para finalizar essa reflexão em torno do processo de trocas linguageiras no Discurso Acadêmico, concordamos com o Entrevistado 2 em sua defesa quanto ao papel dos estudos literários na formação do professor de línguas. Ele sugere que, no processo o qual participou, essa área parecia preterida diante de uma predominância de adeptos da chamada Linguística Dura.[3] *Grosso modo*, supomos que tal defesa possa estar associada a uma vinculação político-funcional com outros membros da comunidade acadêmica, na concepção do currículo.

Considerações finais

Neste trabalho quisemos apresentar nossa leitura sobre o processo de trocas linguageiras no Discurso Acadêmico. Para tal, escolhemos como lugar discursivo teórico-referencial o processo de actâncias das práticas linguageiras da Teoria Semiolinguística de Patrick Charaudeau. No que se refere ao escopo epistemológico em torno do Discurso Acadêmico apresentamos algumas percepções extensivas, a nosso ver, fundadoras no estudo desse discurso. O caráter heterogêneo dessa reflexão nos permitiu enxergar a possibilidade de estabelecermos interfaces em diferentes lugares discursivos nos estudos da linguagem.

As trocas linguageiras, na perspectiva dessa incursão epistemológica com o Discurso Acadêmico, pressupõem uma interdependência entre os processos de ação sujeitudinal e os processos de ação discursiva, como base de instauração do próprio processo enunciativo e de instituição da realização linguageira. Nessa interdependência recíproca, o espaço linguageiro a significar se entrecorta no espaço linguageiro interpretado. No entremeio temos o espaço linguageiro significado, transpassado pela referencialidade polifônica dos sujeitos envolvidos na interação.

Assim, essa perspectiva das trocas linguageiras no escopo do Discurso Acadêmico procurou trazer à superfície do discurso as implicitudes filosófico-linguísticas imanentes às práticas acadêmicas na universidade. Nesse percurso, que foi uma interpelação discursiva as bases do próprio Discurso Acadêmico, outras vinculações epistemo-discursivas constituíram essa tentativa de reconstituição dos efeitos sentidurais da ação dos sujeitos sob os sentidos no lugar discursivo *academia*.

Notas

1 Feyerabend (1989: 50) considera que, na autonomia relativa, *"os fatos existem e a eles se pode chegar, independentemente de se ter ou não em conta alternativas de uma teoria a ser submetida a teste."*

2 De acordo com Feyerabend (op. cit.: 47-48), as "condições de coerência" dizem respeito à exigência de que as hipóteses a serem interpretadas ou testadas em certo ramo do conhecimento devem ajustar-se ao escopo teórico já existente.

3 Do inglês, "Hard Linguistics" se refere aos estudos linguísticos que evidenciam um purismo teórico-metodológico, rejeitando qualquer possibilidade de interfaces teóricas com outras áreas da linguagem ou do conhecimento.

Referências bibliográficas

AUROUX, S. *A filosofia da linguagem.* Trad. José Horta Nunes. Campinas: Editora da Unicamp, 1996.

CHALMERS, A. F. *O que é ciência afinal?*. Trad. Raul Fiker. São Paulo: Brasiliense, 1997.

CHARAUDEAU, P. *Grammaire du sens et de l'expression.* Paris: Hachette, 1992.

_______. *Langage et discours.* Paris: Hachette. 1983.

FEYERABEND, P. *Contra o método.* Trad. Octanny S. da Mota e Leônidas Hegenberg. Rio de Janeiro: Francisco Alves. 3. ed. 1989.

OLIVA, A. (org.) *Epistemologia*: a cientificidade em questão. Campinas: Papirus, 1990.

RAJAGOPALAN, K. "O conceito de identidade em Linguística: é chegada a hora para uma reconsideração radical?". In: SIGNORINI, I. (org.) *Lingua(gem) e identificação.* São Paulo: Mercado de Letras, 1998, pp. 7-20.

SANTOS, J. B. C. *Por uma teoria do discurso universitário institucional.* Belo Horizonte: UFMG. Tese de Doutorado, 2000.

_______. & VIEIRA, R. L. "Interdisciplinaridade e conscientização nos estudos da linguagem". In: *Letras & Letras.* vol. 13/2. Uberlândia: EDUFU. jul./dez. 1997, pp. 157-78.

VIEIRA, R. L. *Formações discursivas e formações ideológicas subjacentes à formação do profissional da linguagem.* Uberlândia: UFU. Monografia de Graduação, 1997.

VILLARTA-NEDER, M. A. *Memória do múltiplo e do descontínuo nos discursos de construção de um curso de Letras de formação de professores: IEL/Unicamp.* Campinas: Unicamp. Dissertação de Mestrado, 1995

2ª parte

Formação de professores de línguas: reflexão sobre uma (re)definição de posturas pedagógicas no cenário brasileiro

Douglas Altamiro Consolo

O professor de línguas, enquanto profissional em formação pré-serviço ou continuada, necessita refletir sobre fatores, características, ocorrências e decorrências pertinentes aos contextos escolares onde atua ou atuará, direcionando sua reflexão para temas relevantes à sala de aula e às atuações de alunos e professores, nesses contextos. Nesse sentido, na medida em que reflito sobre o ensino e a aprendizagem de línguas, especialmente de línguas estrangeiras, objetivo, neste capítulo, contribuir com subsídios para a atuação do professor-formador.

Além das bases teóricas, essa reflexão apoia-se em experiências de meu percurso profissional, enquanto professor de língua estrangeira (doravante LE) e de professor-formador. Partindo, inicialmente, de um histórico que contempla, dentre uma gama de atuações, a docência da língua inglesa em escolas de línguas e em disciplinas (obrigatórias e eletivas) de um centro de línguas de uma universidade (pública), além de disciplinas de cursos de especialização (pós-graduação *lato sensu*), deparo-me, atualmente, com os desafios mais abrangentes: atuar como professor-formador em disciplinas de um curso de Licenciatura em Letras, bem como em disciplinas e projetos na área de ensino e aprendizagem de línguas (estrangeiras), vinculados à área de concentração em Linguística Aplicada de um programa de pós-graduação (*stricto sensu*).

Algumas reflexões "breves", de épocas anteriores, sobre o perfil e a atuação do professor de LE, reencontram-se e complementam-se, atualmente, por meio da experiência da docência regular, em caráter de formação pré-serviço e continuada, e da orientação científica a alunos de graduação e de mestrado. Tratarei, assim, do que denominarei "teorização na prática", à medida que apresento crenças e tendências a respeito da formação de professores de línguas (doravante FPL), ilustradas por dados de minha própria história.

Analogia do "quebra-cabeças": o que falta na sala de aula?

Fatos e fenômenos da sala de aula podem apresentar-se como um quebra-cabeças ao professor. Remetendo-me a uma oficina (*workshop*) coordenada por Dick Allwright em uma convenção anual do TESOL (1996),[1] na qual os trabalhos partiram de um levantamento de "quebra-cabeças" para os quais os participantes se propunham encontrar "as peças que faltavam", estabeleço, aqui, analogia semelhante. Como professores de LE, podemos pensar na sala de aula como um cenário de quebra-cabeças: questões que se colocam para ser solucionadas, às vezes como se fossem algumas partes de uma figura incompleta. Em alguns casos, a postura do professor é de que as "peças que estejam faltando" para completar as "figuras" devam estar facilmente acessíveis. Uma atitude mais imediatista, e talvez simplista, seria de se desejar apenas "encaixar peças" que já estão, de certa forma, preestabelecidas na área de conhecimento sobre ensino/aprendizagem de línguas e FPL.

Seguindo esse raciocínio, podemos olhar para cursos de prática de ensino ou de "treinamento de professores", por exemplo, nos quais se oferecem "receitas prontas" para que esses alunos-professores as utilizem em suas aulas: quebra-cabeças elementares, para os quais "tudo" já está praticamente previsto e as ações dos professores todas direcionadas de antemão. Basta "treinar" o professor para seguir as receitas corretamente.

A visão do "professor-treinador" perpetuou-se durante muito tempo e ainda hoje é possível que determinadas instituições, acreditando em uma metodologia mais padronizada, se apoiem em um planejamento direcionado "de cima para baixo" – da coordenação pedagógica ou do professor de Prática de Ensino, para o professor iniciante ou aluno-professor. Em vez de promover a reflexão, prepara-se o (futuro) professor para recorrer a "peças que se encontram ao lado do quebra-cabeças", como no caso de planos de aulas "que sempre dão certo", e de acervos de materiais didáticos especialmente reunidos e direcionados para cada aula dos cursos planejados. A pasta da aula número "x"; o planejamento que determina que na aula de número "y" tratar-se-ão dos conteúdos desde a página "n" até a página "nn", do livro didático adotado. Na aula após a aula "y", o professor iniciará seu trabalho necessariamente a partir da página seguinte à página "nn". E assim sucessivamente, tudo está previsto – inclusive o comportamento e a fala do professor. Como se não ocorressem fatores imprevisíveis ou não existissem diferenças individuais entre os diversos grupos de alunos.

Assumindo, todavia, a postura de formação de professores e a questão da reflexão para esses profissionais, ilustrarei um percurso de "descoberta" profissional por meio de declarações ouvidas de uma professora (P1) de inglês como língua estrangeira (ILE). Na ocasião de nossa conversa, P1 lecionava em escola de línguas bem conceituada, aqui denominada "Escola de Línguas 3" (EL3), após ter lecionado em duas outras escolas de línguas também conhecidas, as quais denominarei "Escola de Línguas 1" (EL1) e "Escola de Línguas 2" (EL2). P1 declarou o seguinte:

> "Na Escola 1, eu fazia o trabalho...[...]
> "Na Escola 2, aprendi como fazê-lo...[...]
> "Na Escola 3, eu aprendi o porquê de como fazê-lo."

Na EL1, P1 recebeu pouca orientação sobre seu papel de professora. Em meu primeiro emprego de professor de ILE, também lecionei com base apenas na própria experiência de aluno, da maneira que julguei adequada. Era uma escola pequena, sem nenhum tipo de "coordenação pedagógica". Recebi apenas os livros didáticos e os livros de exercícios correspondentes (*workbooks*); nada mais. Não havia nenhum recurso audiovisual ou material de apoio. Em se tratando das competências que constituem o perfil do professor (Almeida Filho, 1999), nossa experiência enquanto alunos de línguas contribuem para que se reproduzam as características de professores que consideramos "bons", "modelos" de eficientes profissionais.

Na EL2, a preocupação principal era oferecer um curso de treinamento aos professores iniciantes, com uma ou duas semanas de duração, antes do início das aulas. O treinamento se prestava também a reciclar os "conhecimentos técnicos" dos professores que trabalhavam há mais tempo, naquela ou em outras escolas. Procedimentos ritualizados eram demonstrados pelo coordenador pedagógico e por professores experientes; posteriormente, todos exercitavam as técnicas em sessões de microaulas (*microteaching*), avaliadas pelo coordenador e demais professores da EL2. Alguns rituais, geralmente incluindo gestos e movimentos corporais, eram repetidamente moldados, na tentativa de padronizar as aulas de todos os professores. Calcadas no audiolingualismo, as aulas deveriam incluir diversas maneiras de se modelar o uso da LE, e reforçar a aprendizagem por meio da repetição. Ao refletir sobre essa abordagem, lembro-me de alunos aos quais os rituais audiolinguais não agradavam e que, daquela maneira, pouco conseguiam aprender. Por outro lado, havia na EL2 um intercâmbio de experiências entre os professores, nos primórdios de se estabelecer um processo de avaliação e reflexão sobre a prática docente. Descobria-se, aos poucos, que "nem tudo o que funciona para uma classe serve para outra".

Na EL3, P1 foi orientada, desde um "treinamento" inicial (embora assim denominado), a pensar nas razões pelas quais se adotam determinados procedimentos e técnicas pedagógicas. Nessa perspectiva, a FPL considera dois aspectos, o da teoria e o da prática, e que não se distanciam, como pensam alguns professores. A prática é construída à luz da teoria e a teoria engloba o que se faz na prática. Ao refletir sobre essa prática, nos remetemos, inclusive, às "intuições" de ex-alunos e às primeiras experiências como professores. Mas somente por meio da formação teoricamente orientada, e da reflexão fundamentada sobre a prática (Wallace, 1991), é que nos aprimoramos no trabalho docente.

O ensino de LE nas escolas brasileiras

No caso do ensino de ILE no Brasil, faz-se necessário rediscutir o quadro do ensino de línguas estrangeiras na escola Fundamental e Média – por exemplo, as conhecidas experiências de alunos que são expostos, ano após ano, ao verbo *to be*, em todas as séries. E que posteriormente concluem a Escola Média descontentes, até mesmo "traumatizados" com as disciplinas de LE. Diante dessa necessidade, surgem os *Parâmetros Curriculares Nacionais – Terceiro e Quarto Ciclos do Ensino Fundamental, Língua Estrangeira* (doravante PCNs), propondo abordar-se a linguagem com enfoque sociodiscursivo, e efetuando-se recortes para serem atingidos objetivos realistas e pertinentes às necessidades mais imediatas do aluno brasileiro.

Priorizar o ensino da leitura coloca-se como um desses recortes. Segundo os PCNs, a inclusão de uma disciplina no currículo deve ser determinada, entre outros fatores, pela função que desempenha na sociedade. No caso das línguas estrangeiras, acredita-se que somente uma pequena parcela da população brasileira tem a oportunidade de usá-las como meio de comunicação oral, dentro ou fora do país. O uso de uma LE no Brasil está, em geral, mais vinculado à leitura de literatura técnica ou de lazer. Com base nesse panorama nacional, propõe-se, então, formar bons leitores em LE.

Outro fator, dentre os vários que tornam as condições na escola pública menos propícias para se ensinar as habilidades orais, está no fato de que nem todos os professores de LE possuem competência oral adequada na língua que ensinam (PCNs, versão preliminar, 1997: 6), conforme tratado também na literatura (por exemplo, Consolo, 2000a, b; Almeida Filho, 1992; Santos, 1993). Entretanto, por considerar esse problema demasiado abrangente, opto por não tratar, nesta discussão, da competência linguístico-comunicativa do professor.[2]

Todavia, os PCNs *não afirmam* que não se deva trabalhar a competência oral; apenas que se priorize o trabalho de formação de leitores devido a essa necessidade mais imediata dos alunos. Paralela a essa "necessidade", deve-se considerar também os traços socioculturais do perfil brasileiro quanto à predisposição para a comunicação verbal e a preferência, em determinados casos, pela oralidade. O aluno adolescente, iniciante no aprendizado de uma LE, está geralmente motivado a falar essa língua; tem interesse em aprender a falar, por exemplo, inglês, devido à importância dessa língua no cenário internacional e sua influência no Brasil (vide Paiva, 1996, entre outros); gostaria, talvez, de falar espanhol, conforme a região do Brasil que esteja – por exemplo, nas regiões de fronteiras com países hispano-americanos, ao perceber a relevância do aprendizado e do uso da língua espanhola. Ou devido a outros aspectos motivadores, considerando-se, inclusive, o aspecto prazeroso (Consolo, 2000b), "o envolvimento com aspectos lúdicos que a língua oral possibilita" (PCNs-versão preliminar, 1997:6). Em sua reflexão sobre aulas de leitura em LE no Ensino Médio, Pinhel (2001) afirma que os alunos pressupõem que a aprendizagem de uma LE envolva tanto a escrita quanto a oralidade, e que se tornam desmotivados quando percebem que o enfoque será somente na leitura e linguagem escrita.

Outra questão que se coloca é a própria preparação profissional do professor para ministrar cursos de leitura em LE. Com base em críticas expostas por Rodrigues (2000) e Scaramucci (2000), enfatizo a necessidade de discutirem as bases linguísticas e pedagógicas desse recorte, para o encaminhamento de planejamentos de cursos, produção de material didático e atuação em sala de aula. Concordo com Rodrigues (op. cit.) e Scaramucci (op. cit.) com respeito à complexidade do texto dos PCNs e a decorrente dificuldade, de determinados professores, em interpretá-lo de maneira adequada e efetiva. Novamente nos deparamos com a necessidade da reflexão, devidamente embasada e orientada, na FPL. E, nesse sentido, me posiciono enquanto docente de um curso de Licenciatura em Letras, com Habilitação em Língua Estrangeira, assumindo a responsabilidade pela formação pré-serviço, etapa essencial na FPL.

A formação de professores de línguas em cursos de Letras

A questão (ampla) que se coloca é: como atuar na formação pré-serviço, para que o trabalho realizado atenda às necessidades mínimas de formação do futuro professor de línguas? Paralelamente a discussões e procedimentos de (re)elaborações curriculares, enfatizo a postura do corpo docente universitário em relação aos alunos de Licenciatura em Letras. Ilustrarei essa premissa com um trecho de aula de Língua Inglesa, em uma classe de primeiro ano de Letras, em uma universidade pública, gravada após cinco meses do início do ano letivo. Os alunos haviam terminado um trabalho em grupos, e retornaram às carteiras onde estavam sentados no início da aula, em um grande círculo. O professor (doravante P2), então, conversa com os alunos, em preparação para a atividade seguinte:

001 - P2: [...] it's time for some music + don't you think (so)?
002 - A1: yes
003 - A2: yes
004 - P2: yes [ASC][3]

005 - A2: why not?
006 - P2: why not + future English teachers + WHEN[4] do you think it's a good idea + to give a song for your students?
007 - A: yes
008 - P2: yes + it IS a good idea + but when? + you're a teacher now + and you're preparing your lessons + when are you going to give a song?
009 - A3: (some) minutes before the: + how do I say *intervalo*?
010 - P2: the break
011 - A3: the break
012 - P2: ah + so when the class is going to finish + or when the class is going to stop + you give a song a few minutes before that + uhm?
013 - A: maybe
014 - P2: maybe
015 - A4: when + when + the + the te + the teacher + teach + erm + some + grammar
016 - P2: uhm uhm
017 - A2: or words (INCOMP)[5]
018 - A4: (INCOMP) examples [(INCOMP)][6]
019 - A3: [(INCOMP)]
020 - P2: uhm uhm + yes + for example + we're teaching [etc.]
[Segmento 1 (C3 – Aula 1 – 0:48:15)]

Embora o conteúdo (linguístico) do curso, no primeiro ano, seja voltado para conteúdos mais básicos da LE, verifica-se a utilização dessa língua para a comunicação em sala de aula, ainda que, sendo uma turma com diversos níveis de competência (oral), apenas alguns alunos e P "dominem" a interação verbal.

P2 questiona os alunos sobre quando e por que utilizar canções em aulas de LE. Ao fazê-lo, P2 aborda com os alunos, e na língua-alvo, uma questão relevante na formação dos futuros professores – ou seja, P2 assim os encara, e não apenas como alunos de inglês como LE.

Os alunos expressam suas opiniões, provavelmente com base nas próprias experiências de aprender LE, no curso de Letras ou em outros cursos (por exemplo, em escolas particulares de línguas).

A3 sugere que canções sejam apropriadas para "preencher" o tempo antes do final de uma aula, ou antes de um intervalo de aula. Nota-se, também, nos turnos 009, 010 e 011, um caso típico de interação (verbal) entre aluno e professor em aula de LE, quando A3 interrompe sua ideia para solicitar a ajuda de P2 sobre uma palavra desconhecida na língua-alvo.

Na opinião de A4, podem-se utilizar canções para ensinar gramática, cuja ideia parece ser corroborada por A2, o qual acrescenta a possibilidade de ensinar também vocabulário. A4 hesita em sua resposta, pois ainda não possui muita fluência na produção oral. Entretanto, voluntariou-se a falar, a participar da discussão, demonstrando seu conhecimento sobre aspectos do ensino de LE.

Dessa maneira, enquanto trabalha, aspectos diversos da LE, P2 procura chamar a atenção dos alunos, desde seu primeiro ano no curso, para as razões pelas quais determinadas atividades são apropriadas em aulas de línguas, encorajando-os a pensar, inclusive, em como poderiam utilizar essas atividades em suas futuras aulas.

Defendo essa postura para o trabalho docente e discente na universidade, sempre que houver possibilidade. Em vez de deixar que o aluno de Letras trate as diversas "peças" que lhe são fornecidas, nas várias disciplinas do currículo, como um "quebra-cabeças" a ser montado somente no final do curso, por ocasião das atividades de Prática de Ensino, ou quando passar a lecionar para sua primeira classe, podemos integrar nossa atuação por meio de uma postura única: a que estamos formando professores.

A formação para a reflexão deve ser encorajada desde o primeiro instante em que decidimos ser professores. Uma das funções do curso de Letras é, portanto, a de formar profissionais que tenham senso crítico e criativo; que possam avaliar sua experiência dentro da própria universidade e transpor essa formação para experiências profissionais futuras.

Deficiências na FPL, a meu ver, precisam ser sanadas. Pensemos também que professor precisa de uma competência linguístico-comunicativa língua estrangeira com a qual trabalha. Temos, então, duas vertentes inter-relacionadas: a formação integral, enquanto futuro professor e a formação, o mais abrangente possível, na e sobre essa língua que ele vai atuar; da competência gramatical e lexical à discursiva e sociocultural (Canale, 1983). Saliento a relevância do estabelecimento, nas aulas da universidade, de um processo interativo mais favorável ao engajamento dos alunos, futuros professores; engajamento reflexivo nas aulas de língua materna, LE e das demais disciplinas, levando-os a essa competência nas línguas-alvo, e à competência profissional.

Notas

1 30th *TESOL Annual International Convention*, Chicago, Estados Unidos, 26-30/03/1996.

2 Trato essa questão mais amplamente em outros trabalhos; vide, por exemplo, Consolo, 1996, 2000a, b.

3 [ASC] = entoação ascendente.

4 WHEN = letras maiúsculas caracterizam ênfase na palavra.

5 (INCOMP) = trecho incompreensível.

6 Colchetes indicam sobreposição de falas (simultâneas).

Referências bibliográficas

ALMEIDA FILHO, J. C. P. O professor de língua estrangeira sabe a língua que ensina? A questão da instrumentalização linguística. *Contexturas* n.1, 1992, pp. 77-85.

______. *Dimensões comunicativas no ensino de línguas.* Campinas: Pontes, 1993.

______. Análise de abordagem como procedimento fundador de autoconhecimento e mudança para o professor de língua estrangeira. In: Almeida Filho, J. C. P. *O Professor de língua estrangeira em formação.* Campinas: Pontes, 1999.

CANALE, M. From communicative competence to communicative language pedagogy. In: Richards, J. C. & R. W. Schmidt. *Language and communication,* Harlow: Longman, 1983, pp. 29-59.

CONSOLO, D. A. *Classroom Discourse in Language Teaching: a Study of Oral Interaction in EFL Lessons in Brazil.* Tese de Doutorado. The University of Reading, Inglaterra, 1996.

______. Revendo a oralidade no ensino/aprendizagem de línguas estrangeiras. *Revista de Estudos Universitários* n. 26, vol. 1, Sorocaba: UNISO, 2000, pp. 59-68.

______. Teachers' action and student oral participation in classroom interaction. In: Hall, J. K. & L. S. Verplaetse. *Second and foreign language learning through classroom interaction,* Mahwah, N. J.: Lawrence Erlbaum Associates, 2000, pp. 91-107.

PAIVA, V. L. M. O. *Ensino de língua inglesa:* reflexões e experiências. Campinas: Pontes e Belo Horizonte: UFMG, 1996.

Parâmetros Curriculares Nacionais – Terceiro e Quarto Ciclos do Ensino Fundamental: Língua Estrangeira (Versão preliminar para discussão nacional). Brasília: Ministério da Educação e do Desporto, Secretaria de Educação Fundamental, 1997.

PINHEL, C. O. *A Relação Aluno-Texto-Professor na Aula de Leitura de Inglês como Língua Estrangeira*: Reflexões sobre a Realidade do Ensino Médio na Escola Pública. Dissertação de Mestrado (versão do Exame de Qualificação). São José do Rio Preto: UNESP, 2001.

RODRIGUES, N. Pedagogia Crítica, PCNs e Formação de Professores de Língua Estrangeira. Mesa Redonda no III EPI – Encontro de Professores de Língua Inglesa, Cuiabá: UNIVAG, 11-12/08/2000.

SANTOS, J. B. C. Diferenças individuais do professor de língua estrangeira não nativo: a atuação na sala de aula. *Letras e Letras* n. 9, vol. 1, 1993, pp. 43-50.

SCARAMUCCI, M. Avaliação, PCNs e Ensino de Línguas. Palestra proferida no III EPI – Encontro de Professores de Língua Inglesa, Cuiabá: UNIVAG, 11-12/08/2000.

WALLACE, M. J. *Training foreign language teachers.* Cambridge: CUP, 1991.

A contribuição dos estudos sobre "gênero e linguagem" no processo de ensino e aprendizagem de língua materna e língua estrangeira

Maria de Fátima F. Guilherme de Castro

By ignoring the sex of participants as a variable in interaction, one risks not only overlooking interesting differences in language usage, but also, more insidiously, the danger of conveying a biased and inaccurate picture of the linguistic patterns of a speech community, based on unconscious assumptions and stereotypes which bear little resemblance to reality.
(Holmes, 1987:05)

Desde os anos 70 do século XX, inúmeras pesquisas têm sido realizadas em relação às diferenças existentes entre a linguagem usada por homens e mulheres,[1] e a maneira pela qual interagem através dela (Hirshman, 1974; Lakoff, 1975; Holmes, 1987, 1989a, 1989b, 1991, 1994; Aebischer & Forel, 1991; Coulthard, 1991; Freed, 1995; Bergvall and Remlinger, 1996; Tannen, 1982, 1990, 1993, 1994; West, 1995; Cameron, 1990, 1998, dentre outros).

Para realizar esse trabalho, parti do pressuposto de que abordar a variável social "gênero"[2] e as relações de poder que envolvem essa questão pode significar uma possibilidade de melhor se compreender a relação entre os sujeitos e os sentidos na construção do conhecimento. Também acredito que, através dos estudos sobre a interação entre mulheres e homens, considerando o contexto social ao qual pertencem e o universo da tensão humana no qual estão inseridos (a sala de aula, por exemplo), podemos compreender como se constituem como sujeitos através da língua (materna ou estrangeira) por eles usada e como essa língua contribui para a construção de suas identidades.

Isso posto, este trabalho pretende apresentar um panorama histórico acerca dos trabalhos realizados na área, sobre gênero e linguagem, e refletir acerca da contribuição desses estudos sobre a interação masculino e feminino no que concerne ao processo de ensino e aprendizagem de línguas maternas e estrangeiras. Pretendo ainda refletir acerca da variável "gênero" sob o prisma de uma abordagem para o discurso em uma perspectiva linguística crítica (CLA)[3]. Segundo Fairclough (1995), tal abordagem tem como objetivo provocar efeitos na própria linguagem dos aprendizes e em suas experiências discursivas, ou seja, ajudá-los a se tornarem mais conscientes da prática na qual estão envolvidos como produtores e consumidores de textos (orais e escritos). Isso significa uma conscientização das forças sociais que os modelam; das relações de poder e das ideologias que os permeiam; seus efeitos sobre as identidades sociais, relações sociais, conhecimentos e crenças e o papel do discurso nos processos de mudança social e cultural.

Para que possamos compreender os processos de mudança social e cultural é preciso, segundo Fairclough (1995), compreendê-los quando ocorrem em eventos discursivos e, também, como sua rearticulação afeta as ordens do discurso (Focault, 1971). As origens e motivações dessas mudanças residem na problematização das convenções para os produtores e intérpretes do discurso, os quais podem ocorrer de várias formas. Problematizando as convenções para a interação entre homens e mulheres, Fairclough (1995) afirma que a mesma é uma experiência difundida em vários domínios e instituições e que tem suas bases nas contradições. Tais contradições estão presentes entre as posições tradicionais dos sujeitos nas quais foram socializados e as novas relações entre os gêneros. Quando as problematizações surgem, as pessoas se veem diante de "dilemas" e, para lidar com os mesmos, passam a ser inovadoras e criativas, adaptando as convenções existentes e transformando-as em novas convenções, o que contribui para uma mudança discursiva. E essa mudança, para Fairclough (1995: 96), "envolve formas de transgressão, cruzamento de fronteiras, tais como colocar juntas as convenções existentes em novas combinações, ou recorrer a convenções em situações que usualmente as dificultam".[4]

Enfocando a questão do marcador social "gênero", o autor afirma que a posição contraditória dos indivíduos nos eventos discursivos e os dilemas que resultam da mesma têm sua origem nas contradições estruturais nas relações entre os gêneros dentro das instituições e dentro da sociedade como um todo. Os eventos discursivos podem ser tanto uma possibilidade para reproduzir e preservar as tradicionais relações existentes entre os gêneros quanto uma contribuição para a transformação dessas relações mediante uma luta hegemônica quando os dilemas são resolvidos através da inovação.

O papel dos estudos sobre gênero e linguagem no processo de ensino e aprendizagem de línguas

Como disse no início de meu trabalho, o final do século XX foi marcado por pesquisas que investigaram as diferenças existentes entre a linguagem usada por homens e mulheres e a maneira pela qual eles e elas interagem através dela.

Os primeiros trabalhos publicados referem-se às comunidades norte-americanas e, posteriormente, estudos sobre gênero e linguagem também aconteceram nas comunidades britânicas. Estudos brasileiros foram também realizados na área de língua materna. Um exemplo seria os estudos realizados por meio do Projeto de Estudos da Norma Linguística Culta do Rio de Janeiro (Projeto NURC/RJ).[5] Trabalhos em uma perspectiva crítica discursiva, em que as relações entre os gêneros no Brasil são analisadas, também foram realizados (Magalhães, 1995).

Apesar de a maioria dos trabalhos existentes envolverem estudos em comunidades de falantes da língua inglesa como língua materna, Holmes (1987) argumenta que os resultados obtidos por meio desses estudos têm pouco influenciado as estratégias de ensino e materiais usados para o ensino de inglês como segunda língua (L2) ou língua estrangeira (LE). A autora alega que alguns fatores sociolinguísticos, como etnia, classe social e familiaridade dos participantes usuários da língua, têm sido levados em consideração em diferentes áreas da metodologia para o ensino de inglês como L2 ou LE. Porém, "o sexo dos envolvidos tem sido raramente considerado uma variável importante"[6] (p. 05).

Segundo Holmes (1991), estudar os estilos linguísticos e interacionais de homens e mulheres torna-se importante principalmente para os professores e professoras de línguas, seja na língua materna ou estrangeira. Para essa autora, os direitos das alunas em suas salas de aula merecem atenção cuidadosa, pois as alunas tendem a ser boas ouvintes, cooperativas durante as conversações ao criarem um ambiente confortável para seus interlocutores, enquanto que os alunos tendem a competir pelo espaço conversacional e pela manutenção do mesmo. Afirma ainda que "a dominação masculina nos diversos tipos de interação em sala de aula pode ser caracterizada como um componente curricular oculto, do qual nem os aprendizes nem os professores estão conscientes de sua existência"[7] (p. 215).

Pressupõe-se que nas salas de aula de línguas estrangeiras todos os aprendizes devam ter oportunidades iguais para falar. Porém, quando chegam às suas salas de aula revelam possuir interesses diversos e diferentes níveis de preparação e proficiência na língua-alvo, características estas que se acentuam nas aulas de conversação na língua-alvo que sucedem os cursos básicos e intermediários da língua.

Para Bergvall e Remlinger (1996), essas diferenças levam os aprendizes a competirem pelo espaço conversacional, e se as aulas não forem cuidadosamente conduzidas, as discussões em sala de aula serão dominadas apenas por poucas vozes. Essas autoras afirmam que o gênero dos interlocutores é uma variável social que pode contribuir para uma distribuição desigual nas conversações em sala de aula.

Pesquisar e analisar os estilos interacionais de alunas e alunos torna-se relevante no sentido de serem os mesmos reveladores de uma inter-relação entre vários fatores que atuam mutuamente, sejam eles fatores de natureza ideológica, social, política, cultural, histórica e fatores de natureza existencial desses sujeitos. A análise do entrecruzamento dessas variáveis em um contexto de interação entre homens e mulheres em salas de aula de línguas pode contribuir, de alguma forma, para os profissionais envolvidos na área de ensino e aprendizagem dessas línguas.

Portanto, tratar a interação masculino e feminino no espaço institucional da sala de aula pode significar mais do que tratar de mais uma das variáveis sociais envolvidas no processo de ensino e aprendizagem de LE. Abordar a questão do gênero pode significar uma ampliação de conhecimentos acerca de questões vinculadas às dificuldades encontradas pelos aprendizes em seu processo de aprendizagem e uso real da LE. Holmes (1987: 05) afirma que

> ao ignorarmos o sexo dos participantes como uma variável na interação, arriscamos não somente sobrelevar diferenças interessantes no uso da língua, mas também, mais insidiosamente, o perigo de transmitir um quadro tendencioso e impreciso dos padrões linguísticos de uma comunidade, baseado em suposições inconscientes e estereótipos que apresentam pouca similaridade com a realidade.[8]

Para a Linguística Aplicada, que conduz pesquisas sobre questões acerca do uso real da língua, o conhecimento acerca da relação existente entre linguagem e gênero pode trazer benefícios para o ensino de línguas considerando que

> ... a informação sobre as diferenças no comportamento pragmático e sociolinguístico de mulheres e homens seja um aspecto importante da competência comunicativa. Uma vez identificada, pode ser usada como base para o desenvolvimento de métodos apropriados para ajudar os aprendizes da língua a adquirirem essa competência. (...) Com esta informação os professores e professoras podem fornecer aos aprendizes a informação que precisam para fazer escolhas conscientes ao usarem o inglês.[9] (Holmes, 1994: 381)

No que se refere aos trabalhos em Linguística Aplicada voltados para o ensino de LE, a relevância de estudar-se as relações existentes entre gênero e linguagem reside no fato de que, a partir do momento em que pesquisamos as formas pragmáticas, sociolinguísticas, discursivas e interacionais da LE adquiridas e usadas pelos aprendizes, estaremos vislumbrando a possibilidade de realizarmos uma pedagogia mais libertadora (Freire, 1979), que leve os aprendizes a um papel mais ativo em suas práticas conversacionais/interacionais em LE.

Estudos sobre gênero e linguagem

Trabalhos que abordam a relação existente entre gênero e linguagem podem ser considerados como estudos continuamente investigados. Já no decorrer dos séculos XVI e XVII, exploradores, estudiosos e missionários contribuíram com estudos descritivos de línguas que apresentavam homens e mulheres falando de forma diferenciada. Observaram diferenças fonológicas, morfológicas, sintáticas e lexicais que distinguiam a fala de homens e mulheres nas comunidades que encontraram (Holmes, 1991). No século XIX o interesse pelas línguas nas quais homens e mulheres falavam de forma diferenciada intensificou-se, passando a ser explorado pelos etnógrafos. O objetivo desses estudos era "medir os efeitos da colonização e das formas de contato com a civilização ocidental" (Bodine, 1991: 35). Percebemos, contudo, que foram trabalhos realizados sobre a língua materna dos usuários, mas na visão dos estudiosos estrangeiros.

O início do século XX foi marcado por poucos estudos nessa área. Bodine (1991) faz um relato sucinto dessas pesquisas, como as de Fraser que, em 1900, reuniu o estudo das diferenças de linguagem ligadas ao gênero dos locutores; Jespersen que, em 1922, realizou um estudo sobre a linguagem de homens e mulheres caraíbas; Kraus que, em 1924, fez o inventário das diferenças de fala nas línguas africanas, ameríndias e aborígenes da Austrália e os trabalhos de Haas e Furfey que, em 1944, igualmente, interessaram-se por essa área de estudo.

Entretanto, pesquisas sobre as diferenças existentes entre as falas masculinas e femininas e sobre os estilos interacionais e conversacionais de homens e mulheres têm se expandido desde a década de 1970. Os primeiros estudos realizados na área eram geralmente de natureza variacionista (Labov, 1972; Trudgill, 1972), já que nos anos 80 e 90 vislumbramos um cenário de pesquisas que se pautam pelas investigações etnográficas e pelas análises crítico-discursivas em que a linguagem é estudada em contextos comunicativos. Com essa mudança de foco, as pesquisas sobre gênero e linguagem tornam-se cada vez mais estudos interdisciplinares, no sentido de que há um envolvimento de diversas áreas de conhecimento observando o mesmo tópico de investigação. Linguistas, sociólogos, psicólogos, antropólogos, filósofos, especialistas em comunicação e educadores, que no passado conduziam estudos isolados da interação da linguagem e do gênero dos interlocutores, veem hoje a necessidade de uma colaboração entre as áreas, colaboração esta que tem "avançado nosso conhecimento e ampliado a aplicação de teorias a tópicos dentro dos estudos de letramento, aquisição de segunda língua, comunicação intercultural, direito, medicina, planejamento linguístico, reforma linguística, letramento por meio da informática e lexicografia"[10] (Freed, 1995: 03).

O movimento feminista e os estudos sobre a mulher têm fornecido parâmetros para o desenvolvimento de pesquisas nesta área, assim como têm apontado questões de interesses entre os pesquisadores. Antes da metade do século, as descrições das diferenças entre as falas de homens e mulheres eram esparsas e tendiam a tratar as formas masculinas como normas para a língua (Holmes, 1991). Porém, entre 1975 e 1983, a bibliografia sobre gênero e linguagem se ampliou com alguns pesquisadores adotando uma perspectiva feminista com base nas diferenças percebidas entre os gêneros, e hoje o comportamento linguístico das mulheres deixou de possuir um lugar secundário para ocupar uma posição de destaque. Essa perspectiva feminista, segundo Bogdan e Biklen (1992), contribuiu para que os moldes existentes na pesquisa qualitativa tivesse uma mudança significativa a partir dos anos 80. Primeiro porque o feminismo contribuiu para que o gênero emergisse como tópico de projetos de pesquisa qualitativas.

Usando observação e participação, análise documental, pesquisa de história de vida e entrevistas, os pesquisadores passaram a observar sujeitos e categorias de comportamento que anteriormente tinham recebido pouca ou nenhuma atenção. O feminismo ainda afetou o conteúdo das pesquisas em outros sentidos também. Pesquisadores passaram a estudar como os informantes construíam significados sobre as formas nas quais o gênero se manifestava nas interações. Bogdan e Biklen (1992) ainda assinalam que os estudiosos com perspectivas feministas em pesquisas nas ciências sociais têm sido atraídos por métodos qualitativos de pesquisa porque contemplam a possibilidade de interpretar a realidade das mulheres de forma mais centralizada. Em segundo lugar, o feminismo contribuiu com questões metodológicas fomentando o campo da pesquisa qualitativa para uma preocupação maior com o relacionamento do pesquisador com seus sujeitos, assim como para um maior reconhecimento das implicações políticas das pesquisas.[11]

Da década de 1970 o trabalho de Hirshman (1973) pode ser considerado como um dos pioneiros sobre diferenças entre falas masculinas e femininas. Seu trabalho foi primeiramente apresentado sob forma de conferência, em 1973, no encontro anual da Sociedade Linguística da América (LSA) em San Diego, sendo publicado apenas em 1994. Seu estudo consistiu em uma descrição preliminar que se destinou a observar as possíveis diferenças existentes nas formas usadas por homens e mulheres quando inseridos em uma interação conversacional. O objetivo foi isolar unidades quantificáveis relacionadas ao controle e direcionamento da conversação, ou seja, procurou investigar questões como quem falou mais durante as conversas, quem falou mais fluentemente e com mais confiança, como as pessoas na conversação interagiam em termos de interrupções e indicações de sustentação, concordância ou discordância em relação a seus interlocutores. A autora observou que as falantes femininas usaram mais pronomes pessoais de 1ª pessoa e menos de 3ª pessoa do que os falantes masculinos. Utilizaram *hedges*[12] ("mm", "uh", "uhum", "mhm") numa frequência mais elevada do que os falantes masculinos e interrompiam umas às outras com mais frequência apesar de a conversação entre elas ter ocorrido mais fluentemente.

Em 1975, Robin Lakoff publicou seu trabalho *Language and Woman's Place* (A Linguagem e o Lugar da Mulher), que consistiu de investigações sobre traços sintáticos, lexicais e pragmáticos que ela classificou de "linguagem da mulher", traços estes examinados em amplos contextos. A ênfase de seu trabalho residia nos aspectos negativos da fala das mulheres comparadas à norma positiva da fala dos homens, ou seja, as mulheres eram vistas como membros incapazes da sociedade americana que, compelidas pelas pressões de uma cultura patriarcal, usavam uma forma de linguagem insegura e ineficaz.

Para Freed (1995), os argumentos de Lakoff de que as mulheres eram inseguras e tendiam a ser hipercorretas na fala receberam apoio dos estudos sociolinguísticos quantitativos desenvolvidos por Labov (1972) e Trudgill (1972), que, motivados pelo interesse em correlatar a variação linguística com a classe social e interessados em compreender e descrever as mudanças linguísticas, inesperadamente estabeleceram a existência de diferenças no uso de variáveis fonológicas entre homens e mulheres. O tratamento dado ao gênero nos estudos variacionistas tem sido criticado por vários pesquisadores no sentido de que esta variável deve ser estudada em termos de prática social que interage com uma variedade de outros fenômenos sociais (Eckert, 1989). No caso de pesquisas em educação, podemos dizer que atualmente percebemos a impossibilidade de trabalharmos o fenômeno educacional isolando e quantificando variáveis para que se conheça o mesmo em sua totalidade. Nos argumentos de Lüdke e André (1986: 03) "... em educação as coisas acontecem de maneira tão inextricável que fica difícil isolar as variáveis envolvidas e mais ainda apontar claramente quais são os responsáveis por determinado efeito."

Lakoff (1975) identificou um número de traços linguísticos que ela alegava que eram usados mais frequentemente pelas mulheres do que pelos homens, e que em sua opinião expressavam incerteza e falta de confiança. Esses traços podiam ser divididos em dois grupos: primeiramente um grupo de *hedges*, tais como os *tag questions*,[13] eufemismos, entonação crescente nas formas declarativas e o que ela chamou de "formas superpolidas"; em segundo lugar, um grupo de mecanismos incentivadores ou intensificadores como a entonação enfática e os advérbios de intensidade. Ela também sugeriu que os homens usavam expletivos[14] mais fortes do que as mulheres, enquanto que as mulheres faziam discriminações de nuances de cores com mais precisão do que os homens.

Holmes (1991) afirma que poucos pesquisadores investigaram essas últimas observações de Lakoff e que dados de autorrelatos revelaram que geralmente os homens alegaram usar expletivos mais fortes do que as mulheres, com as feministas e as mulheres na faixa de trinta anos, desafiando esse padrão. Afirma ainda que estudos comparativos do uso real de expletivos em contextos paralelos são quase inexistentes, apesar de Coates (1986) relatar a existência de um trabalho com amostra britânica (Gomm, 1986 apud Coates, 1986) que confirmou as alegações de Lakoff em interação de pequenos grupos, e um estudo americano (Frank e Anshen, 1983) que encontrou os homens usando mais palavras obscenas do que as mulheres, sendo o sexo do ouvinte um fator influenciador na escolha das formas.

Coulthard (1991) também afirma a existência de pesquisas norte-americanas que revelam que os homens fazem mais uso de palavras obscenas do que as mulheres e que usam mais frequentemente esse tipo de vocabulário nos grupos de mesmo sexo, ou seja, homens interagindo com homens, enquanto que, em grupo mistos, eles praticamente desaparecem. Torna-se relevante mencionar que na análise das línguas europeias o estudo da diferença entre os gêneros não era abordado pelo fato "de que se tinha a maneira particular de falar das mulheres como conhecida por todos, não podendo, portanto, se tornar um objeto de estudo" (Bodine, 1991: 36). Sendo assim, a linguagem que deveria ser objeto de análise era aquela falada pelos homens.

Para Paratesi (1991), não se deve acreditar que as mulheres sejam "por natureza" linguisticamente conservadoras, mas simplesmente carregam as marcas de sua condição, que ao longo dos tempos têm sido vistas como a de que as mulheres têm de falar "como se deve".

Pesquisas que visam corroborar o trabalho de Lakoff e afirmam que as mulheres fazem discriminações de cores com mais acuidade do que os homens são também esparsas e produzem resultados contraditórios, de acordo com Holmes (1991).

Algumas das formas linguísticas que Lakoff identificou serviam para mais de uma função. Holmes (1984b, 1986) exemplifica que os *hedges* lexicais e os *tag questions* podem expressar incerteza, ou alternativamente podem ser usados com propósitos de polidez. O trabalho de Brown e Levinson (1987) confirma a mudança nas pesquisas sobre gênero e linguagem para um enfoque funcional e, particularmente, para a análise dos mecanismos linguísticos de polidez. Algumas pesquisas que examinam as funções a que as formas linguísticas servem em contextos particulares geralmente encontram diferenças significativas entre os gêneros, com as mulheres usando formas com funções facilitadoras, expressivas ou afetivas mais frequentemente do que os homens.[15] Essas questões são consideradas relevantes para Holmes (1987) no ensino de inglês como L2 ou LE. Segundo a autora, as informações obtidas mediante estudos realizados sobre as formas preferidas e mais usadas por homens e mulheres podem ser utilizadas por professoras e professores no desenvolvimento da habilidade metapragmática dos aprendizes. Por intermédio dessas informações e da análise das interações sociais na língua estrangeira, "os aprendizes estarão em uma posição de selecionar as estratégias que reflitam seus próprios valores e crenças..."[16] (p. 29).

Trudgill (1991), que teve sua primeira publicação em 1972, afirma em seu estudo que as mulheres empregam na língua inglesa as formas padrão de pronúncia com mais frequência e também possuem uma tendência maior para a hipercorreção. Sustenta essas afirmações em estudos que confirmam a insegurança feminina e sua posição subordinada ao homem e também, posteriormente, aparecem como teses sustentadas por Lakoff (1975). Porém, Aebischer e Forel (1991) acreditam que Trudgill seja vítima dos estereótipos que afirmam que a mulher é fraca e pouco segura de si. Tal fato decorre dos valores sincrônicos da época, em que a mulher era reconhecida nos estudos científicos com tal estereótipo. Cameron (1995) também faz críticas aos argumentos de Lakoff, considerando-os um modelo deficiente de análise. Segundo a autora, as mulheres, como grupo, vivenciam problemas em certos domínios linguísticos e afirma que isso se deve em parte a uma estratégia para se alcançar oportunidades iguais. Isso significa que, se as mulheres desejam ser levadas a sério e disputar cargos de responsabilidade, devem deixar de falar e agir como mulheres e começar a falar e agir como homens. Percebemos assim, uma maior preocupação com a cultura de dominação masculina. A dominação masculina é um fator subjacente às diferentes falas de homens e mulheres que os pesquisadores costumavam encobrir e, segundo Thorne e Henley (1975), essa variação linguística deve ser entendida e estudada em contextos sociopolíticos mais amplos, ou seja, homens e mulheres considerados sujeitos distintos inseridos no mesmo contexto de análise.

Nos anos 1980 os estudos sobre as falas masculinas e femininas e sobre o fenômeno interacional entre os gêneros ganham novas perspectivas de análise, por intermédio dos trabalhos de Gumperz (1982) e Goffman (1980) que, numa perspectiva linguística, antropológica e sociológica, fornecem subsídios teóricos para a análise das características das falas de homens e mulheres a partir do ponto de vista da diferença em vez da dominação. Para Freed (1995), nos anos 1980 a área de estudos sobre gênero e linguagem pode ser polarizada em dois campos: um que visualizava os padrões de variação linguística "como um sintoma e efeito de uma sociedade patriarcal" e outro que visualizava "essas tendências linguísticas como uma consequência natural de uma sociedade diferenciada pelo gênero"[17] (p. 06).

Como consequência desses modelos teóricos que confirmavam a existência de diferenças nos estilos linguísticos, comunicativos e interacionais de homens e mulheres, o final dos anos 80 é marcado por pesquisadores que passaram a investigar as razões dessas diferenças, como elas se desenvolveram e quais as implicações das mesmas na vida das pessoas.

Retratando esses questionamentos, emergem nos anos 90 estudos que enfocam a estrutura social que afeta, modela e transforma o uso da língua (Fairclough, 1989, 1995; Magalhães, 1995); trabalhos que discutem a conexão da teoria feminista com as questões sobre linguagem (Cameron, 1995; Erlich e King, 1994); estudos que abrangem a área da interação conversacional (Tannen, 1990, 1994; Schiffrin, 1994; Holmes, 1994) e estudos na área da História Social (Burke, 1995) que, como os sociolinguistas, preocupam-se com as variações da língua segundo a diversidade dos interlocutores, dos assuntos tratados e do meio cultural em que ela se exercita, porém, conferindo relevância à dimensão histórica da mesma. No campo educacional cumpre salientar os trabalhos de Holmes (1987, 1989a, 1989b), Bacon e Finneman (1992), Bergvall e Remlinger (1996) e White (1989). As pesquisas realizadas nos últimos tempos contemplam a relação gênero e linguagem de forma mais ampla no sentido de considerarem as diferentes culturas dos falantes, assim como os espaços contextuais em que ocorrem a interação masculino e feminino, ao contrário das generalizações apontadas nos primeiros estudos realizados na área. Mesmo porque "uma mulher ou um homem com a mesma função, com o mesmo *status*, comprometidos na mesma atividade podem fazer uso da mesma forma de linguagem"[18] (Greenwood e Freed, 1992, apud Freed, 1995: 08).

A Análise do Discurso e as relações de gênero

Dentre os trabalhos em Análise do Discurso (AD daqui por diante) destaco, em primeiro lugar, os estudos realizados por Fairclough (1989, 1995) e, em segundo lugar, o estudo realizado por Bergvall e Remlinger (1996), ambos sugerindo uma abordagem crítica para o discurso.

A Análise do Discurso na perspectiva da consciência linguística crítica (CLA)[19] de Fairclough (1989, 1995), considera o discurso como

> ... uso da linguagem como forma de prática social, ao invés de uma atividade puramente individual ou o reflexo de variáveis situacionais é um modo de ação na qual as pessoas podem agir sobre o mundo e especificamente sobre os outros, assim como um modo de representação.[20] (Fairclough, 1995: 63)

Essa definição sugere a existência de uma relação dialética entre discurso e estrutura social, ou seja, uma relação entre prática social e estrutura social, sendo que a estrutura social é tanto condição quanto efeito da prática social. Sendo assim, o discurso é moldado pela estrutura social em todos os níveis (classe social, gênero, idade e outras relações sociais e institucionais), assim como é socialmente constitutivo. Nesse sentido, o discurso contribui para a constituição das estruturas sociais que, direta ou indiretamente, o modelam e o restringem; é uma prática não apenas de representar o mundo, mas de significá-lo, constituindo-o e construindo-o em significado (Fairclough, 1995).

Uma abordagem para o discurso em uma perspectiva linguística crítica (CLA) tem como objetivo, segundo Fairclough (1995), provocar efeitos na própria linguagem dos aprendizes e em suas experiências discursivas, ou seja, ajudá-los a se tornarem mais conscientes da prática na qual estão envolvidos como produtores e consumidores de textos (orais e escritos). Isso significa uma conscientização das forças sociais que os modelam; das relações de poder e das ideologias que os permeiam; seus efeitos sobre as identidades sociais, relações sociais, conhecimentos e crenças e o papel do discurso nos processos de mudança social e cultural.

Para que possamos compreender os processos de mudança social e cultural é preciso, segundo Fairclough (1995), compreendê-los quando ocorrem em eventos discursivos[21] e como sua rearticulação afeta as ordens do discurso[22] (Focault, 1971). As origens e motivações dessas mudanças residem na problematização das convenções para os produtores e intérpretes do discurso, os quais podem ocorrer de várias formas. Problematizando as convenções para a interação entre homens e mulheres, Fairclough (1995) afirma que a mesma é uma experiência difundida em vários domínios e instituições e que tem suas bases nas contradições. Tais contradições estão presentes entre as posições tradicionais dos sujeitos nas quais foram socializados e as novas relações entre os gêneros. Quando as problematizações surgem, as pessoas se veem diante de "dilemas"[23], e para lidar com os mesmos passam a ser inovadoras e criativas, adaptando as convenções existentes em novas convenções, o que contribui para uma mudança discursiva. E essa mudança, para Fairclough (1995: 96), "envolve formas de transgressão, cruzamento de fronteiras, tais como colocar juntas as convenções existentes em novas combinações, ou recorrer a convenções em situações que usualmente as dificultam".[24]

Retomando a questão sobre o "gênero", o autor afirma que a posição contraditória dos indivíduos nos eventos discursivos e os dilemas que resultam da mesma têm sua origem nas contradições estruturais das relações entre os gêneros dentro das instituições e dentro da sociedade como um todo. Os eventos discursivos podem ser tanto uma possibilidade para reproduzir e preservar as tradicionais relações existentes entre os gêneros quanto uma contribuição para a transformação dessas relações, através de uma luta hegemônica, quando os dilemas são resolvidos mediante a inovação.

Os produtores e intérpretes do discurso, ao combinarem convenções discursivas de forma a criarem eventos discursivos inovadores, estão, de acordo com Fairclough (1995), produzindo mudanças estruturais nas ordens do discurso; estão "desarticulando ordens do discurso existentes e rearticulando novas ordens do discurso, novas hegemonias discursivas (...) que podem afetar apenas a ordem do discurso 'local' de uma instituição, ou podem transcender as instituições e afetar a ordem do discurso social"[25] (p. 97). Segundo o autor, para que possamos investigar as mudanças nas ordens do discurso devemos, em primeiro lugar, observar a aparente democratização do discurso que envolve a redução de marcadores que evidenciam assimetria de poder entre as pessoas com poderes institucionais desiguais e, em segundo lugar, observar o que chamou em outro estudo (Fairclough, 1989) de "personalização sintética", ou seja, o discurso particular, face a face, do discurso público (imprensa escrita, de rádio e televisão). As práticas discursivas de ambas as circunstâncias são, para o autor, estabelecidas por meio de luta e com apenas uma estabilidade limitada, com a perspectiva de que seus próprios elementos heterogêneos serão vivenciados como contraditórios e levarão a uma luta e mudança mais extensas.

Em relação à construção das identidades sociais ou a construção do *self* no discurso, e mais especificamente nas formas nas quais o discurso contribui para os processos de mudança cultural e social, Fairclough (1995) afirma que esses aspectos têm recebido menos atenção do que deveriam na análise do discurso. Desta forma, o autor sugere uma abordagem discursiva que contemple a análise de propriedades dos textos (orais e escritos) que estão particularmente ligados às funções interpessoais da linguagem e aos significados interpessoais. Dentre algumas possibilidades sugeridas pelo autor, citamos os traços de controle interacional.[26]

Fairclough (1995) define traços de controle interacional como elementos que garantem uma organização interacional adequada, dentre alguns, a distribuição de turnos de fala, a seleção e mudança de tópicos em discussão nas conversações, a abertura e fechamento das interações. Geralmente o controle interacional é exercido, até certo ponto, de forma colaborativa pelos participantes da interação verbal. Contudo, afirma o autor, podem haver assimetrias entre os participantes, no que diz respeito ao grau de controle da interação. Sendo assim, investigar o controle interacional é "um meio de explicar o estatuto e a negociação concretos das relações sociais na prática social"[27] (p. 152). Os argumentos de Fairclough residem no fato de que, para ele, o controle da interação depende de propriedades organizacionais mais amplas, ou seja, "até que ponto o controle da interação é negociado como uma realização em conjunto entre os participantes, e até que ponto é exercido assimetricamente por um participante"[28] (p. 234). Portanto, por trás das generalidades das regras que governam as trocas conversacionais, existem variações que devem ser consideradas, no caso, a assimetria de participação e o porquê de tal assimetria. Para Fairclough, esta consiste em uma das lacunas em alguns estudos sobre conversação, pois tais estudos têm negado as relações de poder como fator relevante a ser investigado. Segundo o autor, em uma interação verbal existem processos de negociação em que alguns participantes possuem mais força do que os outros. Afirma ainda que

> em vários tipos de discurso (por exemplo: o de sala de aula) não encontramos regras estabelecidas para as tomadas de turno, onde os participantes possuem direitos e obrigações iguais, mas uma distribuição assimétrica de direitos (por exemplo: autosseleção, interrupção, manter a fala por vários turnos) e obrigações (por exemplo: tomada de turno quando designado)[29] (p. 19).

Dessa forma, percebemos que as tomadas de turno são vistas pelo autor, não como uma realização organizacional colaborativa, mas como sistemas construídos diferentemente entre os participantes da interação conversacional. Para a análise dessas diferenças, o autor propõe que as tomadas de turno sejam observadas a partir da distribuição de direitos e obrigações entre os participantes "detentores do poder" (P) e os "não detentores do poder" (N-P)[30] da interação. Segundo o autor, o que comumente visualizamos nas tomadas de turno durante as conversações é P selecionando N-P, mas não o contrário; P se autosselecionando para falar, enquanto que N-P não o faz ou os turnos de P podem ser entendidos por meio de vários pontos de possível conclusão.

Em meu trabalho (Guilherme de Castro, 1998)[31] apresento registros de interação de sala de aula de conversação em língua inglesa, em uma universidade pública federal, em que as questões acima são analisadas.

A professora, iniciando uma discussão sobre um texto agendado para aquela aula, fez uma solicitação:

1 P[32]:	Someone give me a summary of what you read. /.../
2 M1:	The article tells about uh, (Helen) and she, she's old age, /.../
3 P:	Mhm.
4 M1:	She has a husband and two children, /.../
5 P:	Mhm.
6 M1:	In university in another city, her daughter. Her son, uh, lives, lives with them. /.../ sometimes uh, her daughter Joan, how can I say his name?...
7 P:	Joan.
8 M1:	Joan, uh, takes care of her mother in California, so she must across the country, how can I say?..
9 P:	Mhm, yes. She goes across the country.
10 M1:	Across the country to take care of her mother. /.../

Estavam presentes, nessa aula, 11 alunas e quatro alunos. Podemos perceber que o aluno M1 se autosselecionou para atender à solicitação da professora por vários turnos. Esse contexto se manteve por vários outros turnos, e através de outros alunos. Isso me leva a afirmar que o gênero masculino, nessa e em outras interações registradas, foi o responsável pela autosseleção para falar e pela manutenção do turno nas trocas conversacionais.

Mesmo em atividades cuja natureza não era a discussão de temas advindos de textos preparados para a aula, pude detectar o mesmo fenômeno de autosseleção masculina para falar. No exemplo a seguir, a tarefa proposta pela professora foi a descrição de um membro da sala com informações suficientes para que o restante da turma pudesse descobrir de quem falavam:

1 P:	Who wants to start? Who would like to start?
2 M3:	(I have a description.)
3 P:	M3?
4 M3:	About the classmate I'm going o describe is a man, so, it will be too easy for you, so, guess what! He is a good student, and he has a big family, /.../
5 AA:	{Risos. F3 levanta o dedo pedindo para falar.}
6 M3:	Uh, and, wait, wait, wait, there is something fun for him..
7 F3:	Ok, yes.
8 M3:	And he is single, but I think if we, if we manage /.../

Podemos observar que M3 se autosseleciona para falar e mantém seu turno, apesar da tentativa de F3 de realizar a proposta da tarefa, pois, pelas pistas fornecidas por M3, ela já conseguira descobrir de quem ele estava falando. Cumpre-me salientar que, nesta parte da aula (até o turno 46), a interação teve como centro a descrição do aluno M1, feita por M3. Em minha análise, constituiu-se um exemplo do estabelecimento de poder individual de M3, que não promoveu as normas de cooperação e acomodação para a continuação da tarefa principal, evidenciando uma postura P (Powerful) e visualizando seus colegas, em especial a aluna F3, como N-P (Non-Powerful).

Isso não significa que as alunas não se autosselecionaram para responder as perguntas da professora no estudo que realizei. Fizeram a autosseleção, contudo, com menor frequência. A autosseleção para falar, tanto no início quanto no decorrer das interações, revelou ser uma característica basicamente masculina em nosso estudo.

Em relação ao controle do tópico desenvolvido durante as conversações, Fairclough (1995) reconhece o valor dos estudos etnometodológicos, ao afirmar que os mesmos defendem a imprevisibilidade de como os participantes desenvolvem os tópicos nas trocas conversacionais. Acrescenta, porém, que os tópicos são introduzidos e substituídos por outros tópicos pelos participantes que dominam a interação, geralmente por meio de agendas preestabelecidas ou mesmo da rotina, que "podem ou não podem ser claramente estabelecidas no discurso"[33] (p. 155).

No caso do estabelecimento e policiamento de agendas, o autor os considera elementos importantes no controle interacional, pois as agendas são, geralmente, estabelecidas no início da interação pelos participantes P e esse fenômeno pode estender-se ao longo da conversação. Um participante pode policiar a contribuição dos outros por meio de interrupções, de troca de tópicos, forçando clareza, sendo ambivalente ou silenciando-se. Para Fairclough (1995) esses são

> mecanismos clássicos de defesa por parte dos N-P em interações desiguais, os quais podem sofrer imposições pelas formulações por parte de P destinadas a forçar N-P a ser explícito, ou pela insistência de P para que N-P reconheça o que foi dito (Por exemplo: "Você entende isso, não entende?")[34] (p. 157).

A formulação, por sua vez, é vista pelo autor como outro aspecto do controle interacional que tem recebido atenção dos analistas da conversação (Sacks, 1972, apud Fairclough, 1995) que a consideram como uma forma de policiamento. Para Fairclough (1995), a formulação, mesmo quando não está especificamente ligada ao policiamento da conversação,

> frequentemente possui uma função de controle interacional importante, nas tentativas de alguns participantes ganharem aceitação dos outros para suas

versões do que foi dito, ou do que ocorreu em uma interação, o que pode então restringir as opções dos últimos de forma vantajosa para os primeiros[35] (p. 158).

Sendo assim, as formulações, quando usadas com propósitos de controle interacional, representam um modo de levar os participantes da interação verbal a aceitarem a própria versão daquele(a) que fala, limitando, assim, suas opções para futuras contribuições (Fairclough, 1989).

Em resumo, Fairclough (1995) argumenta que, para uma análise do controle interacional, é preciso questionar quais as regras de tomada de turno que estão em operação durante as trocas conversacionais e se os direitos e as obrigações dos participantes (sobreposição ou silêncio, por exemplo) são simétricos ou assimétricos. É preciso também questionar como os tópicos são introduzidos e estabelecidos e se existe simetria ou não no seu controle. As agendas devem ser questionadas no sentido de quem as estabelece e de que forma são estabelecidas, como e por quem são policiadas e se algum participante avalia os enunciados dos outros. Até que ponto os participantes formulam a interação também representa um questionamento importante, assim como as funções que as formulações possuem e quem são os participantes que formulam durante as interações.

Os aspectos tratados podem também ser ilustrados por meio de meu estudo anteriormente citado. O excerto abaixo registra o momento em que alunas e alunos fizeram a apresentação de um trabalho em grupo:

1 F9: We're going to talk about Martha Stewart. She's a woman that works with cook. She teaches how to cook, and how to keep your house well-organized uh, she is intelligent. She, she is a (image) a perfect woman. She has a TV program. She sells a lot of books and uh, make much money. She [((...))

2 M3: [Martha Stewart uh, begun her career with just one book about these how to manage these skills F9 said ok? And in the last year, she earned more than 2 hundred million dollars with her ((...)), ok? Eh, her, the, her books the sell, the sell of her books and her magazines about these subjects: cooking, housekeeping ok? and some more information about eh, how to fix by yourself, by yourself something in the house, ok? And F9 told us that Martha Stewart ((...)) because Martha Stewart ((...)), she represents uh, a brand, she represents a wonderful woman who, eh, who can work outdoor, take care, of the chil- take care of the children, take care of the husband, uh, tidy up the house fix something at the house, fix something at the small farm ok? and be thin, beautiful, blond and well-treated ok? So, so we thought, she is, she thinks, she a image you know... {Pausa sem fala}

3 F9: And because of this she is hated ... [

4 M3: [Loved, hated,

5 F9: [Loved and hated.]

6 M3: Yes, because of this she is loved, ok? Someone loves her, ok? But, uh, some, some hate because when the modern woman were, uh, or, are in the a traffic jam, ok, and thinking about how many things she has to manage, how many things she has, she has, eh, they have to do, ok?, and sh-, they remind to, to Martha Stewart, ok? image, they hate her.. did you understand? They hate her. And they prefer hating her then hating her own lives, her own poor lives, ok? A real woman who has to work out, who can't be thin, who can't be beautiful, ok? Who can't make uh, their looking better, ok? And who can't look, look after her husband, their husband and their children, right, but Martha Stewart is a success of marketing, ok? She is really a success. {Pausa sem fala}

7 M3: {Olha para as colegas e pergunta} Do you have more information? ((...)) {Pausa sem fala}

8 F14: No.

Podemos observar que a aluna F9 iniciou a apresentação de seu grupo, foi interrompida duas vezes por M3, que tomou o cenário de apresentação do grupo por meio de dois longos turnos, levando os componentes do mesmo ao silêncio e a admitirem que não tinham mais nada para falar. Portanto, a relação de poder se instaurou pela interrupção, do controle do tópico apresentado, assim como pelos longos turnos do aluno. Relatou sozinho toda a fala do grupo, ou seja, impondo sua versão do trabalho proposto, eliminando assim a possibilidade de fala dos outros membros da interação.

Já o fenômeno da polidez (Brown e Levinson, 1987) é visto por Fairclough (1995) como uma teoria que incorpora um importante estudo sobre esse fenômeno. Entretanto, atenta-nos para o fato de que a mesma se ausenta de "um senso de variabilidade de práticas de polidez entre diferentes tipos discursivos dentro de uma cultura, de ligações entre variadas práticas de polidez e variadas relações sociais, ou de produtores que são reprimidos pelas práticas de polidez"[36] (p. 162). Os argumentos do autor partem dos estudos de Bourdieu (1977, apud Fairclough, 1995) que afirma que as convenções de polidez englobam relações sociais e de poder e que, ao serem usadas, contribuem para a reprodução dessas relações. Dessa forma, investigar as convenções de polidez no discurso é uma forma de visualizar as relações sociais dentro das práticas e domínios institucionais com os quais estão associadas. Fairclough, assim, assume uma posição dialética, "reconhecendo as repressões das convenções, mas também a possibilidade, sob certas circunstâncias, de criativamente rearticulá-las e, desta forma, transformá-las"[37] (p. 163). Para a análise da polidez, o autor sugere, portanto, que a mesma seja feita de forma a determinar quais estratégias são mais usadas, se há diferenças entre os participantes e o que esses traços sugerem sobre as relações sociais entre os mesmos. Em resumo, quais estratégias positivas e negativas são usadas, por quem e com que propósitos foram usadas.

A proposta acima feita por Fairclough (1995), sobre o fenômeno da polidez, também norteou meu estudo (Guilherme de Castro, 1998), quando da análise de alguns processos interacionais de sala de aula, como o que relatamos a seguir.

24 F6 My name's F6. I'm marriage. I have two daug- daughters. I live next... live in Uberlândia, next, eh, Campus... Educação Física
25 P: Mhm.
26 F6: I have two, two brothers...
27 A: ((...)) noite passada.
28 F6: And ...,...,...,...,..., my little daughters, eh, make bir-, uh, faz aniversário, make...
29 P: She has a birthday.
30 F6: She has a birthday tomorrow.
31 P: Mhm, very nice, ok. ...,...,...
32 M1: Hello, excuse me. {M1 chega atrasado}
33 P: Hello, come in.
34 M1: Excuse me.
35 AA: ((...))
36 F3: Hi ((...))
37 F6: That's all.
38 P: That's all? Ok, next, next.
39 M3: What do you do... what's your..., occupation?
40 F6: What do you do? I'm a student, student, I..., I..., take my daughters school, in, eh, English school, swim, and, ...,...,...,...,...,..., ai, ...,...,...,...,...,..., that's all.
41 P: That's all? Ok, all right. Ok, next, ok, M2.

A aluna F6 apresentava-se com dificuldade, pois possuía uma competência linguística limitada, revelada pelas longas hesitações em falar e pelo uso da língua materna. Tenta preservar seu território pessoal, isto é, a sua face negativa, através do enunciado "That's all", ou seja, "Já terminei minha fala". Entretanto, o aluno M3, não compreendendo a pista de contextualização da referida aluna, viola o seu desejo de não sofrer imposições, perguntando-lhe sobre sua profissão e levando-a a uma posição de constrangimento diante da turma. A aluna chega até a usar a interjeição "ai", o que revela o grau de pressão sofrido por ela, pois, ao mesmo tempo em que sofria uma violação, via ameaçado o seu desejo de ser aceita pelo grupo.

O mesmo fenômeno pôde ser observado quando os estudantes realizaram um debate sobre a mulher como cidadã de segunda classe. A aluna F3 engajou-se na apresentação, logo após a fala de M2, membro de seu grupo:

197 F3: Ok, nowadays the woman don't need the man to live in fin-, how can I say financeiramente?
198 P: Financially.

199 F3: Financially.
200 P: Support.
201 F3: Support.
{Pausa sem fala}
202 M1: Repeat please.
203 F3: What?
204 M1: Repeat please.
205 F3: Eh, nowadays the woman don't need the man, support.

O silêncio surgido após a fala de F3 indicava que sua fala havia terminado. Como F6, no exemplo anterior, revelava possuir competência linguística limitada, sendo que o pedido de Ml, membro do outro grupo, aparece, neste momento, como uma violação à sua face negativa, pois, com base nas minhas notas de campo pude constatar que, para reformular seu enunciado, a aluna baixou o tom de voz, assim como enrubesceu ao falar. Porém, há de ser ressaltado que, em relação às estratégias positivas e negativas, a variável "competência linguístico-comunicativa" influenciou o processo interacional concomitantemente à variável "gênero", ou seja, as assimetrias se revelaram não somente em razão do gênero dos interlocutores.

Concluo, portanto, que a abordagem para o discurso proposta por Fairclough (1995) baseia-se em uma perspectiva de "construção", em que a função de identidade[38] da linguagem tem um lugar relevante, pois "as formas nas quais as sociedades categorizam e constroem identidades para seus membros são um aspecto fundamental de como elas funcionam, de como as relações de poder são impostas e exercidas, de como as sociedades são reproduzidas e transformadas"[39] (p. 168).

Similarmente à proposta de Fairclough (1989, 1995), Bergvall e Remlinger (1996) desenvolvem seus estudos a partir de uma análise do discurso em uma perspectiva crítica.

O estudo das autoras merece atenção pelo fato de o mesmo relacionar-se à análise do discurso acadêmico de docentes e estudantes universitários quando os mesmos se inserem em interações conversacionais em sala de aula, tendo como foco de observação o papel do gênero nas referidas interações.[40]

O interesse central do estudo realizado por Bergvall e Remlinger (1996) foi determinar como as conversações em sala de aula se desenvolviam, particularmente em quem participa e controla a conversação e qual o papel desempenhado pela variável "gênero" em tais circunstâncias. Partindo, a princípio, de uma análise quantitativa (número de palavras e tomadas de turno) as autoras sugerem que as mulheres parecem ter adquirido um acesso à fala pública em um patamar de igualdade com os homens nas trocas conversacionais acadêmicas. Porém, partindo de uma abordagem crítica do discurso[41] (Kress, 1991; Van Dijk, 1993, apud Bergvall e Remlinger, 1996) e examinando mais atentamente o conteúdo e os contextos dos discursos, as autoras sugerem a existência de complexas lutas pelo controle da conversação. Em seu estudo, Bergvall e Remlinger (1996) constataram que

> ... uma análise do discurso que se baseia na simples contagem de palavras ditas e tomadas de turnos pode fornecer um quadro distorcido: essas medidas não revelam os desequilíbrios discursivos problemáticos que continuam a reproduzir um *status quo* preconceituoso de dominância masculina neste domínio público conversacional. Os números também mascararam as estratégias resistentes críticas que emergem dessas conversações[42] (p. 454).

Portanto, o estudo das autoras considera não apenas a análise das estruturas das conversações, mas também o conteúdo e o contexto das mesmas para que se possa obter uma compreensão melhor, "tanto das práticas reprodutivas, quanto das potenciais divergências de opiniões ou interesses"[43] (p. 454).

As autoras têm como foco de análise dois tipos de práticas conversacionais que elas denominam de comportamentos *task-continuative* e *task-divergent*. Para as estudiosas, um exame mais conciso do contexto das conversações em sala de aula fazem revelar complexas interações de poder e resistência, na medida em que alunos e alunas desempenham uma variedade de comportamentos *task-continuative* e *task-divergent*. Ao interpretar os dados de seu estudo, elas veem o gênero como "um fator particularmente significativo por causa da histórica dominância masculina de muitas das práticas educacionais."[44]

Bergvall e Remlinger (1996) definem comportamentos *task-continuative* como aqueles que "sustentam e prolongam a discussão em sala de aula, expandindo a tarefa acadêmica estabelecida pelo(a) professor(a) ou outros estudantes"[45] (p.460). Para as autoras, quando os estudantes se engajam realmente em uma tarefa acadêmica, eles e elas "desafiam a visão reprodutiva e restrita da educação com seu fluxo único de informação, tornando-se membros autorizados em sala de aula através de seu envolvimento em um trabalho que enfoca a tarefa da educação"[46] (p. 456). E isso seria, segundo elas, um comportamento *task-continuative*.

Os comportamentos *task-divergent* são definidos como aqueles que se "afastam da busca pela tarefa acadêmica, frequentemente desviando ou saindo da discussão em sala de aula"[47] (p. 460). Segundo Bergvall e Remlinger, a agenda da sala de aula é tipicamente estabelecida pelo(a) professor(a), o(a) qual possui poder institucional para selecionar textos e tópicos, assim como avaliar os estudantes em suas práticas orais e escritas. Também são responsáveis pela condução das discussões diárias ocorrentes em sala de aula, iniciando os tópicos e perguntas e "orquestrando as interações entre os estudantes"[48] (p. 456). Para as autoras, os estudantes podem engajar-se em comportamentos *task-divergent* para estabelecer um tópico ou tarefa que difere daquela proposta pelo(a) professor(a). Algumas formas dessa divergência podem ser positivas "quando os estudantes desafiam a autoridade restritiva na sala de aula que exclui suas perspectivas e nega suas vozes"[49] (p. 456). Entretanto, algumas formas de divergência podem ser negativas quando surgem na forma de ataques *ad hominem*[50], cujo objetivo é silenciar vozes. Segundo as autoras, "julgar se um comportamento *task-divergent é* libertador ou repressivo requer a visualização dos comentários dos estudantes em suas conversações imediatas, assim como seus contextos sociais mais amplos" (p. 457).[51]

Bergvall e Remlinger (1996) afirmam que os comportamentos definidos anteriormente aparecem em contextos definidos e possuem atributos específicos. Os comportamentos *task-continuative* são característicos de contextos de perguntas e respostas, quando o(a) professor(a) insere os estudantes nas discussões em sala de aula e quando há ampliação e afirmação de ideias. Geralmente esse comportamento caracteriza-se com o(a) professor(a) iniciando a interação, os estudantes respondendo e o professor(a) avaliando a resposta dos mesmos (Cazden, 1986).[52] Um outro contexto seria o "desenvolvimento extensivo"[53], quando estudantes e professor(a) lutam juntos para construírem significados, ampliando e formulando ideias. Esse desenvolvimento pode ser interno ou interacional. O interno seria quando um falante mantém a fala por várias transições de turnos a fim de clarear ou desenvolver uma análise ou resposta. O interacional seria quando existem ciclos de trocas entre um número limitado de participantes (geralmente o(a) professor(a) e um(a) estudante), que juntos constroem uma análise mais complexa. Outro contexto apontado pelas autoras é a "conversação ativa",[54] quando os estudantes conduzem a conversação. Nesse contexto, estudantes e professor(a) facilitam a discussão, dando continuidade à tarefa proposta, através do desenvolvimento interativo do tópico; os estudantes quebram o padrão IRE típico de sala de aula, fornecendo suas próprias avaliações e os estudantes respondem uns aos outros e expandem as ideias dos outros sem esperar pela intervenção do(a) professor(a).

Os três contextos até então mencionados podem incluir mecanismos de *feedback*[55] tais como comentários *back-channel*[56], validação, repetições, extensões de turnos prévios e risos de apoio. Quando distribuídos entre vários estudantes, esses comportamentos combinam para criar uma aula substantivamente engajada em discussões acadêmicas.

Dominar a fala por meio do "desenvolvimento interno e interacional" pode também ser considerado um comportamento *task-continuative*. Um estudante domina a fala por várias transições de turnos, retomando o tópico de alguns turnos anteriores. Às vezes, esse comportamento pode ser visto como *task-divergent*, porém caracteriza-se como uma divergência que ilustra uma maneira de expressar oposição dentro da sala de aula. Sendo assim, os contextos acima mencionados ilustram uma variedade de meios utilizados pelos estudantes para tomarem e manterem a fala nas conversações, seja através de respostas a perguntas, colocando suas próprias opiniões, respondendo e validando e criticando os comentários dos outros participantes, seja mantendo sua fala através do "desenvolvimento interno e interacional". São comportamentos voltados para a tarefa acadêmica e, por isso, considerados *task-continuative*.

Os estudantes podem, porém, encontrar outros meios de entrarem nas conversações e comandarem as falas. Alguns dos comportamentos que Bergvall e

Remlinger (1996) identificaram como *task-divergent* incluem comentários à parte feitos aos pares, senso de humor, risadas e comentários sobre os outros falantes que são desrespeitosos ou derrisórios. Segundo as autoras, "esses comportamentos divergem da tarefa disponível por serem (apesar de não exclusivamente) fáticos (direcionados mais aos objetivos sociais do que acadêmicos), tangenciais, perturbadores, direcionados localmente (desviando a atenção do falante que mantém a fala principal), resistentes e autônomos."[57] (p. 465). Isso não quer dizer que os estudantes não possam ter seus próprios objetivos, os quais podem entrar em conflito com os do(a) professor(a) ou outros colegas. Se os comentários dos estudantes sustentarem um tópico acadêmico relevante e alternativo, as autoras afirmam que os mesmos devem ser considerados *task-continuative*.

Os comportamentos *task-divergent* são também característicos de contextos em que a divergência ocorre por competição e cooperação, mediante senso de humor ou através de comentários feitos à parte. Quando a divergência ocorre por competição e cooperação, fica mais evidente a posição acadêmica dos integrantes no processo da troca conversacional. Quando a divergência ocorre em função do senso de humor de algum participante da interação, Bergvall e Remlinger afirmam que, muitas vezes, os estudantes se utilizam do humor para evitar a realização de uma tarefa. Como não estão preparados para uma discussão *on-task*, o humor pode representar uma resposta para desviar a atenção do(a) professor(a) de sua falta de preparação. Neste caso, apesar de os alunos ou alunas não estarem completamente preparados para alguma discussão, eles ou elas participam da interação, ainda que de uma forma *task-divergent*. No caso da divergência que ocorre através de comentários tangenciais, o mesmo revela como os estudantes podem desafiar a autoridade lançando uma discussão localmente direcionada que diverge a atenção do professor e da tarefa acadêmica proposta. Para Bergvall e Remlinger (1996), "tais comentários podem ser vistos como extensões naturais da tarefa, mas são realmente divergentes, na medida em que estabelecem poder individual e abrem uma fala secundária, em vez de promover normas de grupo de cooperação e acomodação para a continuação da tarefa da fala principal."[58] (p. 467). Esses comportamentos, apesar de divergentes, fazem com que a conversação continue porque o(a) professor(a) possui poder institucional suficiente para dissuadir os desafios dos estudantes e manter o controle da conversação. Entretanto, quando o comportamento *task-divergent* é direcionado a outros estudantes, o resultado pode ser bem diferente. Alguns estudantes assertivos podem ser capazes de manter sua autoridade e obter novamente o controle da fala. Por outro lado, alguns estudantes, apesar de autoconfiantes, são excluídos pelos comentários *task-divergent* ou pelas risadas dirigidas contra eles ou elas. As risadas derrisórias e os ataques *ad hominem* podem silenciar estudantes que, às vezes, acabam por desistir de colocarem suas posições em sala de aula.

Cabe aqui registrar que os princípios teóricos elaborados por Bergvall e Remlinger (1996) serviram, também, para nortear teoricamente, a análise de alguns processos interacionais em meu trabalho (Guilherme de Castro, 1998).

No que concerne aos comportamentos *task-continuative* instaurados em sala de aula, posso dizer que, nas interações mediadas pela professora, a maioria caracterizou-se de contextos de perguntas e respostas feitas por ela, que inseria os estudantes nas discussões em sala de aula, ampliando ideias e temas quando os estudantes revelavam relativo conhecimento de mundo sobre o assunto tratado em sala de aula e, sobretudo requisitando os menos falantes a adentrarem ao processo interacional, principalmente as alunas menos falantes.

Comportamentos *task-divergent* foram observados quando os mesmos representaram o estabelecimento de poder individual em sala de aula e não promoveram as normas de grupo de cooperação e acomodação para a continuação da tarefa principal. Dessa forma, comportamentos que desviaram da busca pela tarefa acadêmica por meio de comentários derrisórios, tangenciais, perturbadores e localmente direcionados. Estes últimos, desviando a atenção do falante que mantém a fala principal. Exemplos desse comportamento já foram ilustrados anteriormente quando da análise de autosseleção para falar em sala de aula e que resultaram em silenciamento de algumas vozes, ao mesmo tempo em que denotaram estabelecimento de poder individual de alguns falantes participantes da interação verbal.

Como exemplo de comentários tangenciais, perturbadores e localmente direcionados, apresento um trecho de aula em que estudantes e professora discutiam um artigo sobre a cantora Madonna e o tópico "homossexualidade" surgiu durante a discussão. A professora levanta a questão sobre as convenções sociais existentes acerca da relação entre homens e mulheres e tenta levar os estudantes a se posicionarem:

95 P: Ok, all right, that is a standard conventional belief, ok? Right?
96 AA: {Risos}
97 A: ((...))
98 AA: {Risos}
99 M3: I, I agree with the lesbians, because woman is so good. They [are surely...
100 P: [Ok, you agree with the lesbians, ok? Do we have a lesbian community in, in Uberlândia?

Entendo que o comentário do aluno M3 revelou-se fora da proposta a ser discutida (*task-divergent behavior*) e uma tentativa de asseverar sua identidade masculina. A professora, percebendo a não pertinência do posicionamento do aluno, interrompe-o, utilizando uma estratégia de polidez negativa ("Do we have"), preservando, assim, tanto sua face negativa quanto a dos outros integrantes do processo conversacional.

Outro exemplo de comportamento discursivo *task-divergent* pode ser adicionado a esse trabalho, ilustrando que, às vezes, não é gênero do falante que o leva a tal comportamento. Alunos e alunas não atenderam à solicitação da professora de fazer um relato de uma entrevista que haviam realizado com algumas estrangeiras na aula anterior. O relato caracterizou-se por comentários irrelevantes e permeados de humor (com exceção da fala de F9). Entendemos que tais comportamentos evitaram a realização da tarefa, levando a professora até a não dar continuidade à mesma.

Um momento da mesma natureza pôde ser observado em outra aula:

29 P: /.../ What does Gal mean? What a Gal.
30 F: What a [Gal...
31 P: [Yes, yes, what does Gal mean?]
32 F4: ((...))
33 P: Uh?
34 F4: (A pet name?)
35 P: Yeah, ok but M1 said that. What does Gal mean? ....,....,.... All right. Gal in English is another word for girl.
36 AA: {Risos. Ficam surpresos.}
37 P: Yeah. In English you have, there is a song, a famous song, {professora vai ao quadro} of Me and My Gal {escreve no quadro}. Me and My Gal.
38 Ml: Really?
39 P: Uh?
40 M1: Really?
41 P: Yes, Me and My Gal, [ok?
42 F13: [And we, we write this way?]
43 P: Yes.
44 F: ((...))
45 P: Ok? ((...))
46 F: ((...))
47 P: No, you can't say this ((...)). But it is to a certain extent old fashion, old fashion.
48 F: Old fashion?
49 P: Yes. Why? Why do you think using the term Gal is old fashion?
50 F13: How's the pronunciation?
51 P: Gal.
52 F13: Gal?
53 P: Me and My Gal.
54 AA: {Risos}
55 M1: It sounds strange.
56 P: Yeah.
57 F13: ((...)). Singer.
58 P: Mhm, ok. Sort of, ok? Why is it old-fashioned? Why is the use of Gal old-fashioned?
....,...., Why do you think? Guess, imagine, why?
59 M4: Girl, freedom, ((...)), {aluno grita apalavra gal}, {risos}, I remember last time, but((...))

Como não possuíam conhecimento para dar continuidade à conversação, alunas e alunos utilizaram várias formas de desviar da proposta, seja fazendo perguntas e comentários, seja utilizando do humor, como fez M4 ao gritar "Gal" em sala de aula, imitando a forma utilizada pela cantora Gal Costa na música "Meu nome é Gal". A respeito do uso de comentários caracterizados pelo humor, pudemos perceber que os mesmos foram mais frequentes entre os alunos.

Retomando o trabalho realizado por Bergvall e Remlinger (1996), gostaria de salientar que a maioria das conversações examinadas pelas autoras tiveram um caráter *task-continuative* e não foi um comportamento exclusivo das mulheres, pois os homens também revelaram tal comportamento. Porém, a análise de conteúdo das conversações revelou que as tentativas das mulheres em se afirmarem em sala de aula foram censuradas ou sofreram resistência por parte de alguns estudantes, homens e mulheres. Ao analisarem *como* e não apenas *o quanto* a fala nas conversações ocorre, "os papéis tradicionais de gênero tornam-se mais evidentes, com alguns homens atuando como agentes autônomos e resistentes a outros falantes, à autoridade do(a) professor(a) ou à agenda estabelecida pelo resto da sala a fim de buscar seus próprios objetivos"[59] (Bergvall e Remlinger, 1996: 472). As autoras afirmam que não podemos simplesmente categorizar que as mulheres são *task-continuative* e facilitadoras do processo conversacional, enquanto que os homens são *task-divergent* e polemizadores, pois esses comportamentos não são distribuídos exclusivamente pela variável "gênero". Entretanto, afirmam que

> porque as alunas não possuem uma história na prática como falantes públicas incisivas – particularmente dentro de uma profissão historicamente androcêntrice[60] – e não possuem poder institucional para provocar uma oposição a seus turnos, seu poder é mais facilmente sobreposto[61] (Bergvall e Remlinger, 1996: 472).

Ao realizarem seu estudo, as autoras não sugerem que as mulheres devam adotar as estratégias dos homens para se tornarem falantes competentes, nem sugerem que homens e mulheres aprendam a aceitar e apreciar as diferenças que os dividem. O que as mesmas sugerem é "ensinar a professores(as) e estudantes – aqueles que desejam acesso igual à fala e aqueles que negariam tal acesso – como o uso positivo de *task-continuation* e *task-divergence* podem facilitar uma conversação ativa e construtiva"[62] (p. 473). Segundo elas, para que possamos compreender a natureza complexa e mutante de nossas sociedades é preciso, com base em uma análise crítica do discurso, examinar como as "não elites" lutam contra a simples reprodução dos sistemas de poder e papéis sociais tradicionais. Dessa forma, estaremos ajudando na criação de práticas discursivas mais libertadoras.

Considerações finais

Finalizo este trabalho ratificando a crença de que abordar o marcador social "gênero" e a rede de poder que permeia essa questão pode significar mais uma possibilidade de compreendermos as relações entre os sujeitos e os sentidos na interação com o conhecimento, assim como pode significar uma forma de melhor compreendermos a relevância de como os estudos aqui discutidos podem balizar nossa prática educacional, no sentido de podermos levar alunos e alunas a se tornarem mais conscientes das práticas discursivas nas quais estão envolvidos.

A proposta aqui desenvolvida objetiva contribuir, ainda que minimamente, com a Linguística Aplicada que se pauta na preocupação com o uso real que os estudantes fazem da língua que aprendem e na forma como interagem por seu intermédio. Pretende também contribuir como os estudos sobre "gênero e linguagem", especialmente em contexto educacional brasileiro, que contemplem os processos interacionais entre homens e mulheres, sob uma abordagem linguística crítica, dentro e fora das salas de aula de língua materna e estrangeira.

Notas

1 Por se tratar de um trabalho sobre relações de gênero, fizemos a opção por não seguir um paralelismo linguístico de privilegiar a relação masculino/feminino ou feminino/masculino.

2 Neste trabalho, o termo "gênero" será usado para se referir a características derivadas das expectativas socioculturais sobre o modo como nos conduzimos e como nos vemos aos outros e a nós mesmos, em contraponto ao termo "sexo" que se refere a uma distinção biológica determinada por nosso código genético (Valério, 2000).

3 Critical Language Awareness (Fairclough, 1995: 239).

4 Do original: "... involves forms of transgression, crossing boundaries, such as putting together existing conventions in new combinations, or drawing upon conventions in situations which usually preclude them." (Fairclough, 1995: 96)

5 Em 1995, através do referido projeto, publicou-se a obra *Sexo – uma variável produtiva* e que representa uma tentativa de se mostrar como a língua portuguesa do Brasil é usada por homens e mulheres, ou seja, mostrar o comportamento linguístico de ambos os gêneros.

6 Do original: "... the sex of those involved has rarely been considered an important variable." (Holmes, 1987: 05).

7 Do original: "Male dominance of various types of classroom interaction can be characterised as another component of the hidden curriculum of which neither students nor teachers are generally aware." (Holmes, 1991: 215).

8 Do original: "By ignoring the sex of participants as a variable in interaction, one risks not only overlooking interesting differences in language usage, but also, more insidiously, the danger of conveying a biased and inaccurate picture of the linguistic patterns of a speech community, based on unconscious assumptions and stereotypes which bear little resemblance to reality." (Holmes, 1987: 05)

9 Do original: "... information about differences in the pragmatic and socio-linguistic behavior of women and men is an important aspect of communicative competence. Once identified, it can be used as the basis for developing appropriate methods of assisting language learners to acquire this competence. ... With this information teachers can provide learners with the information they need to make informed choices in using English." (Holmes, 1994: 381).

10 Do original: "Such collaboration has advanced our knowledge and widened the application of theory to topics within literacy studies, second language acquisition, cross-cultural communication, law, medicine, language planning, language reform, computer literacy, and lexicography." (Freed, 1995: 03).

11 Para um percurso da teoria feminista na pesquisa qualitativa, veja Bogdan e Biklen (1992: 27-29).

12 Hedges: recursos linguísticos utilizados pelos falantes para modalização do discurso ou para preenchimento do espaço conversacional. Podem ser não lexicalizados ("mm", "mhm", "uh", "uhum") ou lexicais ("sort of", "kind of", "fairly", "pretty").

13 Tag-questions: uma palavra, frase ou oração acrescentada a uma sentença a fim de enfatizar ou formar uma pergunta. Por exemplo: "They're lovely and juicy, these oranges." ; "Jill's coming tomorrow, isn't she?" (Richards, J. C. ; Platt, J. and Platt, H. (1996). *Dictionary of Language Teaching & Applied Linguistics.* Essex: Longman.

14 Palavras expletivas, em gramática tradicional, são termos vazios de sentido mas que, presentes em determinados enunciados, tornam-se significativos: advérbios de negação, pronomes, preposições, etc. Assim, a negação *não* (significativa em *Eu não quero,* não tem valor negativo em *Eu não disse que viria?* O mesmo ocorre com a preposição *de* na oposição *A cidade de São Paulo.*" Dubois, J. et alli (1995). *Dicionário de Linguística.* p. 257. São Paulo: Cultrix.

15 Nessa perspectiva, ver os trabalhos de Holmes (1994): "Sex differences and apologies: one aspect of communicative competence" e "The role of compliments in female-male interaction."

16 Do original: "... learners are in a position to select strategies which reflect their own values and beliefs ..." (Holmes, 1987: 29)

17 Do original: "... as a symptom and effect of a male-dominated patriarchal society..." ; "... these linguistic tendencies as a natural outgrowth of a gender-differentiated society..." (Freed, 1995: 06).

18 Do original: "A woman or man in the same role, with the same status, engaged in the same activity may well use the same form of language" (Greenwood e Freed, 1992, apud Freed, 1995).

19 CLA: Critical Language Awareness (Fairclough, 1995: 239).

20 Do original: "... language use as a form of social practice, rather than a purely individual activity or a reflex of situational variables... is a mode of action, one form in which people may act upon the world and especially upon each other, as well as a mode of representation." (Fairclough, 1995: 63).

21 Estamos considerando eventos discursivos situações de interação entre dois ou mais interlocutores, a exemplo da forma como o termo é apresentado por Fairclough (1995).

22 Para Focault (1971) as convenções que expressam as ideologias das instituições são as "ordens do discurso". Segundo ele, se os discursos são estruturados em uma dada ordem e se essas estruturações mudam com o tempo, elas serão determinadas pelas mudanças de

relações de poder tanto em nível da instituição social como da sociedade. O poder, dessa forma, seria a capacidade de controle da "ordem do discurso", cujo aspecto é totalmente ideológico. Assim, tanto as estruturações das ordens dos discursos como as ideologias que elas representam são determinadas pelas relações de poder nas instituições sociais e na sociedade como um todo.

23 Fairclough utiliza-se do termo "dilema" a partir de Billig et al. (1988, apud Fairclough, 1995).

24 Do original: "Change involves forms of transgression, crossing boundaries, such as putting together existing conventions in new combinations, or drawing upon conventions in situations which usually preclude them." (Fairclough, 1995: 96).

25 Do original: "... disarticulating existing orders of discourse, and rearticulating new orders of discourse, new discursive hegemonies (...) may affect only the 'local' order of discourse of an institution, or may transcend institutions and affect the societal order of discourse." (Fairclough, 1995: 97).

26 "Interactional Control Features" (Fairclough, 1995).

27 Do original: "... a means of explicating the concrete enactment and negotiation of social relations in social practice." (Fairclough, 1995: 152).

28 Do original: "... to what extent is control negotiated as a joint accomplishment of participants, and to what extent is it asymmetrically exercised by one participant?" (Fairclough, 1995: 234).

29 Do original: "... in many types of discourse (e.g. classroom discourse) we do not find shared rules for turning taking where participants have equal rights and obligations, but an asymmetrical distribution of rights (e.g. to self-select, to interrupt, to 'hold the floor' across several turns) and obligations (e.g. to take a turn if nominated to do so" (Fairclough, 1995: 19).

30 P= Powerful; N-P= Non-Powerful. (Fairclough, 1995: 153).

31 Guilherme de Castro, M. F. F. (1998). A interação masculino e feminino em contexto universitário de aula de conversação em língua estrangeira (inglês). Dissertação de Mestrado. Mestrado em Linguística. Universidade Federal de Uberlândia.

32 P foi usado, neste trabalho, para nomear a professora. A identidade de alunos e alunas limitou-se às iniciais F (female) para as mulheres e M (male) para os homens. Os números que acompanham as iniciais correspondem à ordem alfabética de seus primeiros nomes.

33 Do original: "... which may or may not overtly set in discourse" (Fairclough, 1995: 155).

34 Do original: "... are classic defense mechanisms on the part of N-P in unequal encounters, which may be countered by formulations on the part of P designed to force N-P to be explicit, or insistence by P that N-P acknowledge what has been said (e.g. 'You understand that, don't you?')" (Fairclough, 1995 :157).

35 Do original: "... it often still has a major interaction control function, in attempts by some participants to win acceptance from others for their versions of what has been said, or what has transpired in an interaction, which may then restrict the latter's options in ways which are advantageous to the former" (Fairclough, 1995: 158)

36 Do original: "... a sense of the variability of politeness practices across different discourse types within a culture, of links between variable politeness practices and variable social relations, or of producers being constrained by politeness practices" (Fairclough, 1995: 162).

37 Do original: "... my position is a dialectal one, recognizing the constraints of conventions, but also the possibility, under certain conditions, of creatively rearticulating and so transforming them" (Fairclough, 1995: 163).

38 Para Fairclough (1995), o discurso contribui para a construção de "identidades sociais", ajuda a construir relações sociais entre as pessoas e, também, contribui para a construção do sistema de conhecimentos e crenças. Esses três efeitos correspondem, respectivamente, às três funções da linguagem e às dimensões de significados que coexistem e interagem em todo o discurso. A função de identidade (identity function) refere-se às formas nas quais as identidades sociais são estabelecidas no discurso; a função relacional (relational function) refere-se a como as relações sociais entre os participantes do discurso são organizadas e negociadas e a função ideacional (ideational function) refere-se às formas nas quais os textos significam o mundo e seus processos, entidades e relações.

39 Do original: "... the ways in which societies categorize and build identities for their members is a fundamental aspect of how they work, how power relations are imposed and exercised, how societies are reproduced and changed" (Fairclough, 1995: 168).

40 Bergvall e Remlinger (1996) examinaram a interação conversacional acadêmica em uma universidade tecnológica localizada na região centro-oeste dos Estados Unidos. Nessa universidade, cerca de 25% dos estudantes são mulheres. Os dados foram coletados nos cursos da área de Humanas em salas compostas de 18 a 35 estudantes e a população feminina variou entre 11 e 40%.

41 CDA: Critical Discourse Analysis. (Bergvall and Remlinger, 1996: 454).

42 Do original: "... a discourse analysis that relies upon simple counts of turns and words may give a distorted picture: these measures do not reveal the problematic discourse imbalances that continue to reproduce a biased status quo of male dominance in this public conversational domain. The numbers also masked critical resistance strategies that arose in these conversations." (Bergvall and Remlinger, 1996: 454).

43 Do original: "... of both reproductive practices and the potentially uses of dissensus." (Bergvall and Remlinger, 1996: 454).

44 Do original: "... we see gender as a particularly significant factor because of the historical and contemporary male dominance of much educational practice." (Bergvall and Remlinger, 1996: 455).

45 Do original: "... supported and extended the classroom discussion, expanding upon the academic task established by the professor or other students." (Bergvall and Remlinger, 1996: 460).

46 Do original: "... challenge the restrictive reproductive view of education with its one-way flow of information, becoming empowered members of the class through their involvement in work that focuses on the task of education." (Bergvall and Remlinger, 1996: 456).

47 Do original: "... departed from the pursuit of the academic task, often sidetracking or derailing the classroom discussion." (Bergvall and Remlinger, 1996: 460).

48 Do original: "... orchestrating student interactions." (Bergvall and Remlinger, 1996: 456).

49 Do original: "... students challenge restrictive authority in the classroom that dismisses their perspectives and denies their voices." (Bergvall and Remlinger, 1996: 456).

50 Usar/reproduzir as palavras do interlocutor para silenciá-lo.

51 Do original: "Judging whether task-divergent behavior is liberatory or repressive requires viewing students' comments in their immediate conversational as well as their broader social contexts." (Bergvall and Remlinger, 1996: 457).

52 IRE: teacher Initiates, student Responds and the teacher Evaluates the response. (Cazden, 1986).

53 "Extended development" (Bergvall and Remlinger, 1996).

54 "Active engagement" (Bergvall and Remlinger, 1996).

55 "Feedback mechanisms" (Bergvall and Remlinger, 1996). Constituem-se em retornos dados ao falante pelo ouvinte durante o processo conversacional.

56 "Back-channel comments" (Bergvall and Remlinger, 1996). Tais comentários constituem indicações de que o ouvinte está compreendendo o que o falante está dizendo.

57 Do original: "These behaviors diverge from the task at hand by being largerly (though not exclusively) phatic (aligned more with social than academic goals), tangential, disruptive, locally directed (focusing attention away from the speaker who holds the main floor), resistant and autonomous." (Bergvall and Remlinger, 1996: 465).

58 Do original: "Such humorous asides may seem to be natural extensions of the task, but they are actually task-divergent because they establish individual power and open a limited second floor rather than foster group norms of cooperation and accommodation to the main floor's task-continuation." (Bergvall and Remlinger, 1996: 467).

59 Do original: "... traditional gender roles become more evident, as some men function as autonomous agents, resisting other speakers, the authority of the professor or the agenda set by the rest of the class in order to pursue their own goals." (Bergvall and Remlinger, 1996: 472).

60 As autoras referem-se aos cursos da área de exatas que representam a maioria na universidade onde foi realizado o estudo.

61 Do original: "... because female students lack a history of practice of powerful, public speakers and – particularly within a historically androcentric profession – lack institutional power to overcome opposition to their turns, their power is more easily subverted." (Bergvall and Remlinger, 1996: 472).

62 Do original: "... teaching students and teachers – both those who desire equal access to the conversational floor and those who would deny such access – how positive use of task-continuation and task-divergence can facilitate active, constructive conversation." (Bergvall and Remlinger, 1996: 473).

Referências bibliográficas

AEBISCHER, V. & FOREL, C. (orgs.) (1991). *Falas masculinas, falas femininas?*, São Paulo: Brasiliense.

BACON & FINNEMAN, M. D. (1992). Sex Differences in self-reported beliefs about foreign language learning and authentic oral and written input. *Language learning* 42:4, 471-95.

BERGVALL, V. L. and REMLINGER, K. A. (1996). Reproduction, resistance and gender in educational discourse: The role of Critical Discourse Analysis. *Discourse & Society.* Vol. 7(4), 453-79, London, Thousand Oaks and New Delhi: Sage Publications.

BODINE, A. (1991). Sexocentrismo e Pesquisas Linguísticas. In: Aebisher, V. and Forel, C. (orgs.) *Falas masculinas, falas femininas?*, 35-62. São Paulo: Brasiliense.

BOGDAN, R. C. & BIKLEN, S. K. (1992). *Qualitative research for education: an introduction to theory and methods*. Boston: Allyn and Bacon.

BROWN, P. & LEVINSON, S. (1987). *Politeness: some universals in language use.* Cambridge: Cambridge University Press.

BURKE, P. (1995). *A arte da conversação*. São Paulo: Editora da UNESP.

CAMERON, D. (1990). (Org.) *The feminist critique of language: a reader.* London: Routledge.

______. (1995). Verbal Hygiene for Women: Linguistics Misapplied? *Applied Linguistics* 15, 4: 382-98.

______. (1998). Is there any ketchup, Vera? Gender, Power and Pragmatics. *Discourse and Society*. London, vol. 9, n. 4, 437-55.

CAZDEN, C. (1986). Classroom Discourse. In: Wittrock, M. C. (ed.) *Handbook of research on teaching*, 3. ed., 432-63. New York: Macmillan.

COATES, J. (1986). *Women, men and language*. London: Longman.

COULTHARD, M. (1991). *Linguagem e sexo*. São Paulo: Ática.

ECKERT, P. & MCCONNEL-GINET, S. (1992). Think practically and look locally: Language and gender as community-based practice. *Annual review of Anthropology*. 21. 461-90.

ERLICH, S. & KING, R. (1994). Feminist meanings and the (de)politicization of the lexicon. *Language in Society* 23, 59-76. USA: Camb. Univ. Press.

FAIRCLOUGH, N. (1989). *Language and power*. London and New York: Longman.

______. (1995). *Discourse and social change*. Cambridge: Polity Press.

FOCAULT, M. (1996). *A Ordem do discurso*. São Paulo: Loyola. Tradução de Laura Fraga de Almeida Sampaio do original de 1971.

FRANK, F. & ANSHEN, F. (1983). *Language and the sexes*. Albany: State University of New York Press.

FREED, A. F. (1995). Language and Gender. *Annual review of applied linguistics*. 15, 03-32. USA: Cambridge University Press.

FREIRE, P. (1979). *Pedagogia do oprimido*. 7. ed. Rio de Janeiro: Paz e Terra.

GOFFMAN, E. (1980). A elaboração da face: uma análise dos elementos rituais da interação social. In: Figueira, S. (org.) *Psicanálise e ciências sociais*. 76-114. Tradução de J. Russo. Rio de Janeiro: Francisco Alves.

CASTRO, M. F. F. G. (1998). *A interação masculino e feminino em contexto universitário de aula de conversação em língua estrangeira (inglês)*. Dissertação de Mestrado. Mestrado em Linguística. Universidade Federal de Uberlândia, Uberlândia-MG.

GUMPERZ, J. J. (1982). *Discourse strategies*. Cambridge: Cambridge University Press.

HIRSCHMAN, L. (1994). Female-male differences in conversational interaction. *Language in Society* 23, 427-42. (artigo de 1973).

HOLMES, J. (1994). The role of compliments in female-male interaction. In: Sundrland, J. (ed.). (1994). *Exploring gender: questions and implications for English language education.* London: Prentice Hall.

______. (1994). Sex differences and apologies: one aspect of communicative competence. In: Brown, H. D. and Gonzo, S. T. (orgs.) *Readings on second language acquisition.* 362-85. Englewood Cliffs: Prentice Hall Regents.

______. (1991). State of the art: language and gender. *Language Teaching* 24, 207-20.

______. (1989a). Stirring up the dust: the importance of sex as a variable in the ESL classroom. *Proceedings of the ATESOL 6th Summer School, Sydney,* 1, 04-39.

______. (1989b). Is sex relevant in the ESL classroom? *Language Issues*, 3, 1, 14-18.

______. (1987). Sex differences and language use in the ESL classroom. In: Das, B. K. (ed.) *Communication and learning in the classroom community*. 5-36. Singapore: SEAMEO Regional Language Centre.

LABOV, W. (1972). *Sociolinguistic patterns*. Philadelphia: University of Pennsylvania Press.

LAKOFF, R. (1975). *Language and women's place*. NY: Harper and Row.

LÜDKE, M. & ANDRÉ, M. E. D. A. (1986). *Pesquisa em educação*: abordagens qualitativas. São Paulo: Editora Pedagógica.

MAGALHÃES, M. I. S. (1995). A Critical Discourse Analysis of Gender Relations in Brazil. *Journal of Pragmatics* 25, 183-97.

PARATESI, N. G. (1991). As palavras tabus e a mulher. In: Aebischer, V. and Forel, C. (orgs.) *Falas masculinas, falas femininas?* 63-76, São Paulo: Brasiliense.

SCHIFFRIN, D. (1994). *Approaches to discourse*. Massachusetts: Blackwell Publishers.

TANNEN, D. (1982). Ethnic style in male-female conversation. In: Gumperz, J. J. (Org.) *Language and Social Identity.* Cambridge: Cambridge University Press, 217-31.

______. (1990). *You just don't understand: Women and men in conversation*. New York: Morrow.

______. (1993). (Org.) *Gender and conversational interaction*. Oxford: Oxford University Press.

______. (1994). Interpreting Interruption in Discourse. In: *Gender and discourse*, 53-83. New York: Oxford University Press.

______. (1994). *Talking voices: repetition, dialogue and imagery in conversational discourse*. Cambridge: Cambridge University Press.

______. and C. Wallat (1987). Interactive frames and knowledge schemas in interaction: examples from a medical interview. *Social Psychology Quarterly*, (50)2.

THORNE, B. & HENLEY, N. (1975). *Language and sex: difference and dominance*. Rowley, Mass.: Newbury House.

TRUDGILL, P. (1991-1ª publicação 1972). Sexo e prestígio linguístico. In: Aebischer, V. and Forel, C. (orgs.) (1991). *Falas masculinas, falas femininas?* 77-102. São Paulo: Brasiliense.

VALÉRIO, K. M. (2000). *As dinâmicas interativas no discurso da mulher*. Tese de Doutorado. Programa de Pós-graduação em Letras da Universidade Federal de Minas Gerais. Belo Horizonte-MG.

WEST, C. (1995). *Women's competence in conversation*. Discourse and Society. London, vol. 6, n. 1, 107-31.

WHITE, J. J. (1989). The Power of Politeness in the Classroom: Cultural Codes that Create and Constrain Knowledge Construction. *Journal of Curriculum and Supervision* 4, 298-321.

O ensino da língua inglesa no Brasil: mitos e crenças

Alice Cunha de Freitas

Por muito tempo, especialmente durante os últimos cinco anos, linguistas aplicados de todo o mundo têm devotado uma boa parte de suas pesquisas a um assunto em particular, ligado ao ensino da língua inglesa (LI): o ensino de cultura em aulas de LI. Muitos estudos têm se dedicado à discussão de tópicos tais como "o imperialismo da língua inglesa"; "a supervalorização daquilo que se entende erroneamente por 'cultura da língua inglesa' e o consequente desprezo por aspectos culturais do próprio país"; "a inserção ou não do item 'cultura' no currículo dos cursos de Letras/Inglês"; "as várias concepções de 'cultura' e de 'língua'", entre tantos outros.

Dentre os vários estudos relacionados ao ensino de cultura em cursos de LI, podemos distinguir duas posições contrastantes. De um lado, encontramos aqueles que enfatizam que a expansão da língua inglesa (e aquilo que se acredita ser sua "cultura correspondente") está relacionada ao colonialismo e ao poder hegemônico dos Estados Unidos (Philipson, 1992; Pennycook, 1994; Moita Lopes, 1982 e 1996; Francis, 1995; Paiva, 1996; dentre outros). De outro lado, encontramos estudos mais recentes que ora nos mostram uma outra maneira de repensar essa orientação negativa ou "senso de culpa" como coloca Rajagopalan (1999), em frente do ensino de cultura nas aulas de LI ora nos sugerem formas alternativas de abordagem a esse tópico (Rajagopalan, 1999; Pedroso, 1999, e Barata, 1999, para citar apenas alguns).

O problema com a primeira posição citada acima é que se por um lado ela contribuiu enormemente para despertar a conscientização entre os professores de LI sobre os perigos e consequências de se tratar temas tão importantes (cultura e ensino de línguas) de uma forma simplista e limitada, muitas vezes até subestimando nossa própria cultura e nossos próprios valores, e superestimando aqueles relacionados aos Estados Unidos da América e à Inglaterra, por outro ela levou, inevitavelmente, a uma postura negativa, por parte desses professores, no que tange ao ensino de cultura em aulas de LI. Muitas concepções errôneas e muitos mitos acabaram surgindo, levando a uma atitude de resistência diante da língua inglesa e diante do ensino de cultura em aulas de LI. Essas concepções errôneas e esses mitos estão, na verdade, ligados à forma como alguns professores entendem "língua" e "cultura".

Como professora de Língua Inglesa no Curso de Letras da Universidade Federal de Uberlândia, lidando, entre outras coisas, com a formação de professores de LI, tenho tido a oportunidade de detectar essa orientação equivocada (pelo menos entre professores e alunos-professores do Curso de Letras que, em geral, iniciam suas práticas em institutos particulares de idiomas), segundo a qual língua e cultura são duas coisas diferentes, separadas uma da outra. É possível encontrar, inclusive, o item "cultura" incluído nos planos de curso dos alunos-professores como um item isolado. Alguns ainda não conseguem entender que, se percebemos a língua como uma prática sociocultural, devemos entender língua e cultura como dois aspectos do mesmo processo.

Tenho também tido a oportunidade de testemunhar uma abordagem ao ensino de cultura em aulas de LI, que relaciona o ensino da língua inglesa com o ensino daquilo que ainda se acredita ser "sua cultura", ou "a cultura da língua inglesa"; como se pudéssemos relacionar a língua inglesa à cultura de um ou dois países, em geral os Estados Unidos e a Inglaterra. Em outras palavras, mesmo no atual contexto sócio-histórico em que vivemos, alguns professores ainda relacionam a língua inglesa a uma ou duas culturas específicas. Esses professores ignoram até mesmo outros países da Grã-Bretanha, sem mencionar outros países onde o Inglês é usado como primeira ou segunda língua oficial.

Finalmente, percebe-se entre os professores de LI essa visão ingênua de que ensinar cultura é ensinar estereótipos, valores e ideologias que, há muito, vêm sendo impostos por outras sociedades.

Todas essas interpretações e os consequentes mitos criados parecem estar relacionados a conceitos básicos que acabam por mediar as atitudes dos professores e por levar, em geral, a posturas extremas, ora de total rejeição e resistência ao ensino de cultura em aulas de LI, ora de total aquiescência a assujeitamento, que levam a um ensino de valores ideológicos hegemônicos, sem reflexões críticas.

Com base nas observações apresentadas anteriormente, esse estudo buscou descobrir quais são os conceitos e mitos que norteiam a prática de professores de LI, e que moldam as abordagens por eles adotadas para o ensino da língua inglesa e ao ensino de cultura em aulas de LI. O estudo levou também a uma discussão sobre o impacto que essas abordagens acarretam sobre o ensino de LI no Brasil. Os dados foram coletados nos seguintes contextos:

- dois cursos de Letras de duas universidades, uma pública de Uberlândia e outra particular, de São Paulo;
- dois institutos de idiomas, um em Uberlândia e outro em São Paulo.

Objetivos

Os objetivos específicos do estudo foram os seguintes:

- investigar as várias concepções de "língua" e de "cultura" que mediam as atitudes dos professores de LI nos contextos investigados;

• identificar quais objetivos são relacionados ao ensino da língua inglesa e ao ensino de cultura em aulas de LI pelos professores, nos contextos investigados;

• descobrir até que ponto as concepções dos professores influenciam suas abordagens ao ensino de cultura em aulas de LI;

• contribuir para a discussão que pode redirecionar tanto o ensino de LI quanto a formação de professores de LI no Brasil.

Contexto metodológico

Como já foi mencionado, o estudo foi conduzido nas cidades de Uberlândia, MG, e São Paulo, SP, e baseou-se em dados coletados por meio de questionários aplicados a professores de LI e alunos-professores da disciplina Prática de Ensino de Língua Inglesa dos cursos de Letras, em duas universidades (uma pública de Uberlândia e uma particular de São Paulo), e em dois institutos de idioma (um de Uberlândia e outro de São Paulo). Os questionários incluíam cinco perguntas:

1) Em sua opinião como professor(a) de língua inglesa, o que significa aprender Inglês hoje em dia? Explique sua resposta.

2) Há algum tipo de mudança (nos níveis pessoal, intelectual, psicológico, ideológicos etc.) depois que uma pessoa se torna proficiente na língua inglesa? Explique sua resposta.

3) Quais mudanças você espera no comportamento de seus alunos, depois que eles se tornam proficientes na língua inglesa?

4) Qual é a relação existente entre cultura e o ensino de línguas? Em sua opinião, como esse tema (cultura) deveria ser tratado nas aulas de língua inglesa especificamente? Por quê?

5) Você acha que a língua inglesa está relacionada a uma cultura em particular ou a muitas? Qual ou quais?

Foram distribuídos duzentos questionários, e os participantes tiveram dois meses para respondê-los. Apesar do prazo dado aos professores, o índice de retorno de questionários respondidos foi de apenas 13% (18 professores universitários e oito de institutos de idiomas). Por essa razão, os dados foram analisados de forma qualitativa, com ênfase na discussão de excertos das respostas dadas pelos informantes. Os números em porcentagem, quando utilizados, portanto, serviram apenas ao propósito de dar aos leitores uma visão mais clara do quadro.

Resultados

Um estudo de pequena escala, como este, não permite generalizações, é claro, mas sinaliza tendências claras, que merecem ser discutidas. Basicamente, três posturas diferentes foram observadas, com relação às atitudes dos informantes no que tange ao ensino da língua inglesa e ao ensino de cultura em aulas de LI no Brasil: a tendência de superestimar a língua inglesa e tudo o que se relaciona com ela; a de tratá-la como a língua do imperialismo americano ou a de encará-la como uma língua franca, um instrumento funcional necessário em diferentes contextos hoje em dia.

Ficou evidente que a grande maioria dos informantes tende a adotar a primeira postura mencionada acima. Dos 26 professores que participaram do estudo, 21 (cerca de 80%) forneceram respostas que revelam a supervalorização da língua inglesa, enquanto apenas cinco (20%, aproximadamente) a consideram como a língua do imperialismo americano. Dentre os informantes que valorizam excessivamente a língua inglesa, estão todos os oito professores de instituto de idioma e 13 professores universitários. Nos excertos que se seguirão, as letras "U" e "pi" foram utilizadas para identificar professores universitários e professores de institutos, respectivamente.

> Sujeito 10U: - "Saber Inglês é como ser alfabetizado. Se você não sabe inglês hoje em dia, você se sente como se fosse analfabeto."
>
> Sujeito 12U: - "Significa sucesso. Está associado (o Inglês) à ideia da "globalização", quando visto como um instrumento que contribui para o sucesso profissional. Não aprender Inglês neste contexto "global" significa estar fadado ao fracasso."
>
> Sujeito 8pi: - "Não há como escapar da língua inglesa hoje em dia; não importa em que área você trabalha, você não poderá escapar."

Pode-se perceber um claro consenso entre os professores de institutos de idiomas no que se refere à ligação do aprendizado da língua inglesa com o mercado de trabalho. É como se o simples fato de o indivíduo falar Inglês fosse garantia para seu sucesso profissional; garantia de melhores empregos e melhores salários. Esta talvez seja a orientação que esses professores recebem dos próprios institutos, como forma de propaganda (marketing). A economia privilegiada dos Estados Unidos também exerce um certo fascínio e pode levar os professores a uma analogia e a um mito: o de que falar Inglês significa garantia de sucesso.

> Sujeito 1pi: - "Significa tornar-se melhor qualificado e conseguir um emprego melhor; é essencialmente uma ferramenta de poder."
>
> Sujeito 2pi: - "Significa oportunidade de um emprego melhor."
>
> Sujeito 4pi: - "Significa melhores oportunidades, melhores empregos e, consequentemente, melhores salários."

> Sujeito 5pi: - "É tão importante como ir à escola regularmente; é importante para conseguir trabalho e para a comunicação com outras pessoas por meio da Internet."

Alguns informantes mencionaram outras razões que justificam a importância da língua inglesa hoje, tais como: a comunicação com outros povos; a aquisição e a veiculação de conhecimento; e a garantia de *status* social.

Vejamos agora alguns excertos das respostas dos cinco informantes que mencionaram, explicitamente, a questão do imperialismo americano.

> Sujeito 5U: - "Significa aprender a língua daqueles que dominam. Se aprendermos a língua daqueles que nos dominam, nós provavelmente seremos menos dominados."
>
> Sujeito 18U: - "O Inglês é a língua daqueles que querem dominar o mundo."
>
> Sujeito 17U: - "Significa aprender a língua daqueles que há muito vêm nos dominando."

Em alguns momentos, alguns respondentes mostraram uma posição mais equilibrada sobre as questões levantadas no estudo. Mas poucas respostas refletem uma percepção da língua inglesa como um requisito social e funcional importante em alguns contextos hoje em dia. Na verdade, apenas três informantes (menos de 12%), que podem ser considerados exceções no estudo, mostraram-se mais à vontade para falar sobre o tema de forma mais amadurecida e consciente. Os três são professores universitários, que parecem ter estado envolvidos (ou pelo menos em contato próximo) com pesquisas em Linguística Aplicada ultimamente. Algumas respostas dadas à pergunta 1, que indaga sobre a importância de se aprender Inglês hoje em dia, podem ilustrar o que acabo de dizer.

> Sujeito 4U: - "Significa aprender a construir, a passar significados, através de uma determinada língua, neste caso, a língua inglesa."
>
> Sujeito 9U: - "Significa aprender como reconhecer a língua como uma prática social relacionada a certos contextos nos quais ela é usada. Significa mais do que simplesmente aprender um outro código e outras funções."

As respostas dadas às perguntas 2 e 3, que eram relacionadas, foram, de uma forma geral, muito vagas. Ao mesmo tempo em que os informantes parecem concordar que há certas mudanças no comportamento de seus alunos (quando eles se tornam proficientes na língua inglesa), a maioria deles não conseguiu explicar exatamente no que consistem essas mudanças. Vejamos alguns exemplos:

> Sujeito 1U: - "Sim, há algumas mudanças devido ao acesso à informação, que se torna mais fácil... É difícil dizer... diferentes expectativas devem ser consideradas em relação às diferentes situações de ensino."

> Sujeito 6U: - "Eu espero que eles se sintam mais motivados e curiosos para compreender coisas que não fazem parte do seu dia a dia."
>
> Sujeito 7U: - "Há mudanças sim, porque aprender uma nova língua envolve estar em contato com diferentes contextos históricos e sociais, além de envolver um acesso mais fácil as informações."
>
> Sujeito 18U: - "Sim, há mudanças, mas isso depende de cada um."
>
> Sujeito 3pi: - "Acredito que sim."

Essa falta de clareza foi observada tanto entre os professores universitários quanto entre os de instituto de idiomas. Somente quatro informantes, três professores de institutos de idiomas e um de universidade, mencionaram a questão da autoconfiança como uma das possíveis mudanças.

> Sujeito 6pi: - "A pessoa se torna mais confiante, conforme ela vai se tornando fluente no Inglês."
>
> Sujeito 7pi: - "A confiança deles aumenta... Pessoalmente, acredito que isso significa para eles que, quando entrarem em um país de língua inglesa, suas experiências vão se intensificar."
>
> Sujeito 8pi: - "A pessoa que fala inglês fluentemente se sente mais confiante em seu ambiente de trabalho e quando está viajando."
>
> Sujeito 2U: - "... ser proficiente na língua inglesa certamente vai deixar a pessoa mais segura e com mais confiança nela mesma, para agir e reagir nos diferentes contextos em que ela tiver que atuar."

Alguns mitos foram também observados; quase todos os professores, de todos os contextos investigados, demonstraram fortes expectativas com relação à língua inglesa. Os exemplos a seguir mostram que, de uma forma generalizada e com poucas exceções, a língua inglesa é vista como instrumento de poder e uma ponte que pode garantir melhores "oportunidades".

> Sujeito 13U: - "Sim, há mudanças em todos os aspectos mencionados na pergunta. Aprender uma outra língua, especialmente o Inglês, que é usado hoje como uma língua franca, é ter acesso garantido a uma ponte que vai levá-lo a oportunidades."
>
> Sujeito 1pi: - "Ela (a língua inglesa) pode te dar um sentimento de conquista...; ela pode te dar um sentimento de poder, de estar no controle e de ser capaz de participar de conversas em Inglês e de se fazer entendido."
>
> Sujeito 12U: - "O inglês é a garantia de sucesso e poder."
>
> Sujeito 4pi: - "Eu espero que a língua inglesa torne a vida deles mais fácil". (não diz de que forma).
>
> Sujeito 8pi: - "Haverá mudanças na pessoa que antes se sentia insegura e que agora se sente poderosa. E esse sentimento é dos dois, do aluno e do professor."

Mais uma vez, apenas as respostas dos informantes 3U, 4U e 9U às perguntas 2 e 3 demonstram uma reflexão mais aprofundada sobre o tema. A resposta do informante 3U, de certa forma, engloba o que também responderam os outros dois informantes, que também mencionaram mudanças intelectuais e psicológicas.

> Sujeito 3U: - "Se o indivíduo aprende Inglês para fins instrumentais – talvez porque ele(a) precise do Inglês para defender uma certa postura, por exemplo – significará ter que adotar uma certa inclinação, uma certa tendência. Em outras palavras, ele(a) terá que raciocinar e argumentar na língua inglesa para conseguir persuadir a pessoa falante nativa da língua inglesa e para fazer com que essa pessoa entenda seu ponto de vista. Essencialmente, haverá mudanças intelectuais e isso talvez afete uma mudança pessoal e psicológica. Eu hesitaria em dizer que haverá mudanças ideológicas, mas é relevante notar que nós não agimos em um vácuo, então mudanças pessoais, intelectuais e psicológicas poderão significar também mudanças ideológicas, tanto de uma forma mais amena quanto de uma forma mais rígida." (resposta dada à pergunta 2)
>
> Sujeito 3U: - "Eu espero que eles tenham uma visão mais aberta do mundo... que eles passem a apreciar sua própria cultura, em comparação com aquilo que eles acreditam ser a "cultura Britânica e a Americana". (resposta dada à pergunta 3)

A questão da valorização de nossa própria cultura também foi mencionada pelo informante 7U.

> Sujeito 7U: - "As atitudes vão variar, de acordo com o aluno, com seu estilo de aprendizagem e de acordo com o contexto. Uma coisa que eu esperaria é que, ao aprender uma nova língua eles se tornassem mais conscientes de sua própria língua e de sua própria cultura."

Uma segunda observação foi a de que, contrariando em parte minhas expectativas iniciais, no que concerne ao item "cultura", especificamente, os dados mostraram que os professores, de uma maneira geral, têm consciência do fato de que língua e cultura não podem ser dissociadas e que, portanto, o item cultura deve fazer parte do conteúdo programático dos cursos de LI. As respostas dadas *à pergunta 4* (*Qual é a relação existente entre cultura e o ensino de línguas? Em sua opinião, como este tema (cultura) deveria ser tratado nas aulas de língua inglesa especificamente? Por quê?*) mostram que os professores, apesar de reconhecerem a importância do item cultura nas aulas de língua estrangeira, parecem não saber exatamente como esse item deve ser trabalhado em sala de aula ou de que maneira(s) ele deve ser ensinado.

É possível que esse assunto nunca tenha sido ponto de discussão nos cursos de formação desses professores. Via de regra, cursos de formação de professores de Línguas Estrangeiras (LE), como aqueles oferecidos através de disciplinas como Prática de Ensino de LE; Metodologia de Ensino de LE etc. acabam por dedicar todo o tempo a discussões sobre métodos, técnicas e abordagens ao ensino de línguas, deixando de lado questões tão importantes quanto aquelas de cunho político/ ideológico. Poucos cursos levam a um processo reflexivo sobre a formação e a prática dos professores de LE, que tragam à tona questões como língua e identidade; processos de identificação e ensino de LI; políticas de ensino de línguas estrangeiras etc. Vejamos alguns exemplos de respostas dadas à pergunta 4.

> Sujeito 1U: - "Eu acho sim. A cultura ajuda os alunos a aprenderem a língua."
>
> Sujeito 4U: - "Língua e cultura formam um amálgama de sentidos que, na minha opinião, não podem ser separadas na interação sujeito/língua."
>
> Sujeito 5U: - "Não podemos negar a cultura de um povo. A cultura é parte da língua de um povo, assim como a língua é parte da cultura de um povo."
>
> Sujeito 9U: - "A língua é uma manifestação de cultura. Por isso, o item cultura deve fazer parte do currículo do ensino de língua estrangeira."
>
> Sujeito 14U: - "O ensino de uma língua estrangeira está intimamente relacionado ao ensino da cultura relativa a língua estrangeira que vai ser ensinado. Na minha opinião, é impossível ensinar uma língua estrangeira sem o seu componente cultural."
>
> Sujeito 2pi: - "Cultura deve sim ser ensinada nas aulas de LI. Isso fará com que as aulas se tornem mais interessantes. Além disso, a língua não existe sozinha; ela é parte da cultura de um povo."
>
> Sujeito 3pi: - "Aprender uma nova língua significa ter mais informações ao seu alcance, especialmente informações sobre os países onde a língua é falada. Além disso, estudar a cultura de um país é necessário para a compreensão do desenvolvimento da língua daquele país. Nas aulas esse item deveria ser dado de forma sutil. E o(a) professor(a) deveria também preparar algumas aulas específicas de conversação para discutir tópicos específicos, como cozinhar, exposições etc. E o(a) professor(a) deveria também preparar palestras, para falar sobre a cultura de países de língua inglesa."

Nesse último excerto (sujeito 3pi) apresentado acima podemos ver como o informante, por várias vezes, parece que vai descrever como ele(a) acha que o item deve ser dado em sala de aula, mas termina por não fazê-lo. Outros professores de institutos de idioma deram o mesmo tipo de resposta, sem especificar como eles lidam com o tópico cultura durante as aulas de LI.

Outro problema observado, refere-se à forma como a maioria dos informantes encara o item "cultura". Os dados mostram, claramente, uma concepção simplista de "cultura" sendo adotada, levando os professores a relacionarem esse item com o ensino de hábitos e costumes dos Estados Unidos e da Inglaterra (outros países da Grã-Bretanha, por exemplo, nem chegam a ser mencionados) e ao ensino de estereótipos.

> Sujeito 3pi: - "Acho importante sim. É preciso mostrar aos alunos as diferenças entre as culturas americana, inglesa e brasileira. Precisamos mostrar no que eles são diferentes de nós... mostrar, por exemplo, como o povo inglês é mais formal,

mais pontual, mas também é mais sério, enquanto o brasileiro é mais alegre, mais irreverente; coisas desse tipo. Falar dos hábitos deles e dos nossos, do jeito de se vestir, do estilo de vida etc.

Sujeito 11U: - "Eu, pessoalmente, tento mostrar aos alunos que língua e cultura caminham juntas. A língua não deve ser isolada dos contextos e das situações em que ela é usada. As pessoas que falam uma determinada língua têm certos hábitos e comportamentos, que vêm atrelados ao componente linguístico. Os ingleses, por exemplo, parecem ser mais educados devido ao fato de eles usarem mais expressões de polidez; eles modalizam a linguagem para fazer perguntas e pedidos. E por que os brasileiros não usam expressões de modalização com a mesma frequência, eles parecem menos educados; mais rudes. Mas entre eles mesmos, eles não são sempre considerados rudes."

Sujeito 1pi: - "É impossível dissociar cultura do ensino de línguas... Os alunos deveriam ser encorajados a aceitar com naturalidade certas diferenças, tais como sotaques, comidas exóticas, diferentes tipos e estilos de vestir..."

Sujeito 5pi: - "Cultura e língua estão totalmente relacionadas... nós também ensinamos aspectos culturais como hábitos ligados à alimentação e à forma de vestir; comportamentos e crenças e também aspectos geográficos dos Estados Unidos e da Inglaterra, por exemplo."

Mais uma vez, os sujeitos 3U e 9U deram respostas à pergunta 4 que mostram posturas mais conscientes, que refletem, algum embasamento teórico. Isso evidencia, mais uma vez, a importância do contato com leituras sobre pesquisa na área da Linguística Aplicada, que pode levar, pelo menos, a um processo de reflexão sobre temas ligados ao processo ensino/aprendizagem de línguas.

Sujeito 3U: - "Língua e cultura estão entrelaçadas, e eu acho que é possível ensinar aspectos superficiais de cultura (com "C" maiúsculo, como sugere Kramsch a outros) em aulas de língua estrangeira. Contudo, quando falamos de cultura, nós estamos também falando dos aspectos psicológicos de um povo; da forma de pensar e de agir de um povo, que é ensinado desde muito cedo, quando ainda são crianças. Definitivamente, o item cultura deveria ser ensinado com a consciência de que estamos dando aos alunos uma compreensão parcial de um fenômeno muito complexo. Nas aulas de língua estrangeira, o item "cultura" deveria ser ensinado com relação a determinados temas/assuntos. Um exemplo seria discutir a importância da pontualidade nas sociedades britânica e americana, que são as duas culturas mais salientes que usamos para fins de exemplificação quando ensinamos a língua inglesa."

Sujeito 9U: - "Cultura e ensino de línguas estão intrinsecamente relacionados. Não há língua sem cultura... Para implementar isso nas aulas de língua estrangeira, deveríamos primeiro mudar a forma como ensinamos. Uma possibilidade seria fazer isso através do ensino de diferentes gêneros discursivos e do uso de atividades que possam ser consideradas manifestações de atividades sociais. Além disso, deveríamos ensinar a utilização da linguagem com base nos diferentes contextos em que ela vai ser utilizada, que, de alguma forma, vai determinar coisas do tipo: grau de formalidade; relações interpessoais; relações de poder etc."

Um fato surpreendente, e curioso ao mesmo tempo, ocorreu com relação à pergunta 5 *(Você acha que a língua inglesa está relacionada a uma cultura em particular ou a muitas? Qual ou quais?)*. A grande maioria dos professores não respondeu a essa pergunta. Apenas oito professores universitários (cerca de 30%) responderam a essa pergunta. Nenhum dos professores de institutos de idiomas quis arriscar uma resposta, deixando a pergunta em branco. Essa ausência de respostas pode ser sintomático. Os professores tiveram tempo suficiente (dois meses) para pensar a respeito das questões e responder ao questionário. E, mesmo assim, não quiseram responder a uma pergunta que, à primeira vista, parecia uma pergunta muito simples.

Poderíamos pensar que o fato de a língua inglesa hoje ser encarada como uma língua internacional, uma língua franca, usada como instrumento de comunicação entre as nações do mundo, leve à dificuldade de ligá-la a este ou àquele país. Mas, as respostas dadas às perguntas anteriores nos mostram exatamente o contrário; mostraram que a relação que os professores fazem é ainda mais limitada do que eu supunha. Em geral, os professores relacionam a língua inglesa aos Estados Unidos e à Inglaterra; nem mencionam outros países da Grã-Bretanha ou o Canadá, por exemplo. Assim, a pergunta que foi elaborada para checar uma hipótese (levantada a partir de minhas observações enquanto professora de Prática de Ensino de LI) acabou levando a outras indagações. De qualquer forma, é preciso reiterar que, preferir não falar sobre um determinado assunto pode ser um sinal de que alguns componentes podem estar sendo negligenciados nos cursos de formação de professores de línguas estrangeiras, em especial, os de língua inglesa.

Dentre as poucas respostas obtidas para essa pergunta, duas parecem refletir concepções um tanto confusas. Uma terceira resposta (Sujeito 5U) relaciona, mais uma vez, e desta vez de forma implícita, a língua inglesa ao domínio da cultura americana. Aliás, por várias vezes, alguns dos informantes deixaram marcas explícitas de um certo ressentimento para com os Estados Unidos e para com o que a sociedade americana acaba impondo para o resto do mundo.

> Sujeito 7U: - "Sim, eu acho que sim. Está ligada ao povo alemão, e também à nossa cultura."
>
> Sujeito 4U: - "Está presente nas especificidades de uma cultura como um todo; está presente nas especificidades de numerosos processos de aculturação."
>
> Sujeito 5U: - "O inglês está relacionado à cultura daqueles que têm tentado dominar o mundo."

Apenas dois dos informantes (1U e 3U) mostraram que não relacionam a língua inglesa a apenas duas ou três culturas. Para eles, a língua inglesa hoje é usada como língua universal e pode ser relacionada à cultura daqueles que a utilizam. O informante 1U mostrou em sua resposta um amadurecimento que não lhe permite mais ver a língua inglesa relacionada mais apenas aos Estados Unidos e à Inglaterra.

Sujeito 1U: - "De novo, depende de onde nós estamos, de onde nós estamos falando. Quando eu dava aulas apenas em institutos de idiomas, minhas aulas estavam sempre relacionadas com assuntos culturais específicos; eu tinha os olhos sempre voltados para os Estados Unidos e para a Inglaterra. Hoje, por outro lado, lecionando para alunos do curso de Letras, vejo a necessidade de encarar o Inglês como uma língua franca, não relacionada a uma cultura específica, mas ao tipo de informação em que meus alunos estão interessados."

Considerações finais

Neste estudo busquei investigar quais são os conceitos e os mitos que norteiam a prática dos professores de língua inglesa em dois cursos de Letras, de duas universidades (uma particular e outra pública), e em dois institutos de idiomas, nas cidades de Uberlândia, MG, e São Paulo, SP. A partir dos resultados obtidos procurei discutir o papel das disciplinas relacionadas com a formação de professores de língua estrangeira que, por estarem em geral totalmente voltadas para as questões de ordem metodológica e para a construção de "modelos" a serem seguidos pelos alunos-professores, deixam de trazer à tona questões importantes de ordem ideológica, social e política.

Concentrar praticamente todos os esforços e dedicação aos aspectos operacionais da dinâmica da sala de aula, deixando de lado questões tão importantes é uma opção frequentemente justificada pela "falta de tempo", já que a prática dos alunos (futuros professores) só começa no final dos cursos de Letras. Mas é preciso lembrar que isso também é opcional, e poderia ser diferente. Na verdade, a prática desses futuros professores poderia começar desde o primeiro período, e nas próprias aulas de Língua Inglesa, por meio de um processo reflexivo e crítico dos professores regentes, junto a seus alunos, a respeito não só de suas próprias práticas, mas também das questões mais profundas que estão por trás dos conteúdos e das abordagens adotadas.

Questões sérias, ligadas a temas complexos como "ideologia", "construção de identidade", "processos identitários", "práticas discursivas", "gêneros discursivos" etc. deveriam ser pressupostas durante o processo de formação dos alunos-professores, pelo simples fato de que são questões que não podem ser dissociadas dos conceitos de língua e de cultura.

Se os professores devem considerar a língua como uma prática semiótica/social porque envolve fazer escolhas para a construção de significados nas interações e, se escolher envolve conhecer as particularidades dos diversos contextos culturais em que a língua é usada, e dos diversos gêneros discursivos a serem desenvolvidos, então é preciso repensar todo o processo de formação de professores de línguas estrangeiras e passar a encará-lo como um processo político. E poderíamos começar reformulando ou elaborando melhor nossas próprias concepções, principalmente as de "língua" e "cultura", que acabaremos passando para nossos alunos-professores em seus cursos de formação.

Espero que este estudo, apesar de suas limitações, tenha evidenciado a necessidade de um novo encaminhamento das discussões sobre a formação dos professores de língua estrangeira no Brasil. Penso que a ênfase na discussão de conceitos básicos, como os aqui citados, pode determinar a direção que queremos dar a esse processo.

Referências bibliográficas

BARATA, M.C.C.M. (1999) *O ensino de cultura e a aquisição de uma língua estrangeira.* Dissertação de Mestrado. Uberlândia, MG. Programa de Mestrado em Linguística – Instituto de Letras e Linguística – Universidade Federal de Uberlândia.

PEDROSO, S. F. (1999) *A carga cultural compartilhada: a passagem para a interculturalidade no ensino de português língua estrangeira.* Dissertação de Mestrado. Campinas, SP. Instituto de Estudos da Linguagem – UNICAMP.

FRANCIS, L. M. E. A. (1995) *English as a foreign language*: textbook analysis, ideology and hegemonic practices in a Brazilian context. Tese de Doutorado. The Ohio University.

PAIVA, V. L. M. de O. (1996) "A Língua Inglesa no Brasil e no Mundo". In: V. L. M. de O., Paiva (org.) *Ensino de língua inglesa – reflexões e experiências.* Campinas: Pontes Editores.

PENNYCOOK, A. (1994) *The cultural politics of English as an international language.* London: Longman.

PHILIPSON, R. (1992) *Linguistic imperialism.* Oxford: OUP.

MOITA LOPES, L. P. da (1996) *Oficina de linguística aplicada*: a natureza social e educacional dos processos de ensino/aprendizagem de línguas. Campinas: Mercado das Letras.

RAJAGOPALAN, K. (1999) "Of EFL teachers, conscience, and cowardice". *ELT Journal.* Volume 53/3. Oxford University Press.

Terra: um signo plural

Cleudemar Alves Fernandes

A terra, o trigo, o pão, a mesa, a família (a terra); existe neste ciclo, dizia o pai nos seus sermões, amor, trabalho, tempo.
(Raduan Nassar)

Um discurso, em oposição a outros, mesmo sendo caracterizado por contrastes, apresenta uma coerência global e uma estrutura argumentativa próprias à natureza da prática social de que faz parte, ou seja, em conformidade com a caracterização ideológica que lhe é inerente. Nessa perspectiva, combinam-se episódios sociais peculiares e elementos linguísticos, como um campo semântico comum observado pela produção de sentidos próprios às formações discursivas e ideológicas em que se inscrevem.

O aspecto semântico apresenta-se relevante para distinguir um discurso de outros, visto que um mesmo vocábulo, definido sob seus aspectos formais, apresenta variações de sentido de acordo com a formação discursiva em que se inscreve.

Isso posto, este estudo destina-se a uma análise dos sentidos de *terra* na formação discursiva do sem-terra. Para tal objetivo, inicialmente, serão apresentados os sentidos desse lexema em outras formações discursivas; a saber: do indígena, os sentidos bíblicos, sociológicos e, ainda, a *terra* na perspectiva do capitalismo. A palavra *terra,* etimologicamente, do latim *terra-ae* (o globo terrestre, o mundo, território, região, solo, chão), apresenta, em diferentes discursos, diferentes sentidos. Ressaltar-se-á o aspecto semântico-ideológico, que assegura a coesão de um discurso, e possibilita diferenciá-lo de outros e contrastá-los.

Terra como coesão semântica em diferentes discursos

As práticas discursivas constituem práticas sociais, e o discurso envolve condições histórico-sociais de produção que incluem o contexto histórico-social e ideológico, incluindo também as condições de produção de bens materiais e a (re)produção das próprias condições de produção.

No tocante às condições de produção do discurso, Pêcheux (1990: 82-83) observa que não se trata necessariamente de uma transmissão de informação entre dois sujeitos (A e B), mas “de um ‘efeito de sentidos’ entre os pontos A e B. (...)

Os elementos A e B designam algo diferente da presença física de organismos humanos individuais. (...) A e B designam lugares determinados na estrutura de uma formação social". Em outro momento de suas reflexões, Pêcheux & Fuchs (1990: 169) acrescentam: "o sentido de uma sequência só é materialmente concebido na medida em que se concebe essa sequência como pertencente necessariamente a esta ou àquela formação discursiva". O lugar histórico-social em que os sujeitos enunciadores de determinado discurso se encontram envolve o contexto e a situação e *intervém a título de* condições de produção do discurso. Não se trata da realidade física e sim de um objeto imaginário socioideológico. Acerca das formações discursivas, Pêcheux (1990: 314) argumenta: "uma FD não é um espaço estrutural fechado, pois é constitutivamente 'invadido' por elementos que vêm de outro lugar (isto é, de outras FD)". Trata-se, acrescenta Orlandi (1999: 32), "de alguma coisa mais forte – que vem pela história, que não pede licença, que vem pela memória, pelas filiações de sentidos constituídos em outros dizeres, em muitas outras vozes, no jogo da língua, que vai se historicizando (...) marcada pela ideologia e pelas posições relativas ao poder".

Ao relacionar o discurso às suas condições de produção, envolve tudo o que está no campo da enunciação, isto é, o contexto histórico-social inerente à produção de sentidos. A noção de sentidos é dependente da inscrição ideológica da enunciação, do lugar histórico-social de onde se enuncia; logo, envolve os sujeitos em interlocução. De acordo com as posições dos sujeitos envolvidos, a enunciação tem um sentido e não outro(s). O sentido é um efeito de sentido da enunciação entre *A* e *B*.

A noção de formação discursiva implica formação ideológica, dado o caráter de inseparabilidade de ambas, a relação dialética intrínseca, e é segundo as posições dos sujeitos que os sentidos se manifestam. Ressalta-se ainda que um discurso resulta de diferentes formações discursivas, mas mantém uma unidade semântica. Assim como uma palavra pode apresentar diferentes sentidos de acordo com a formação discursiva em que se inscreve, um mesmo tema pode ser tratado por diferentes discursos produzindo, obviamente, diferentes sentidos em conformidade com as formações ideológicas em que se inscrevem.

O aspecto semântico que assegura a coesão a um discurso define-se pela sua caracterização ideológica própria à formação discursiva em que se inscreve, em oposição a outros discursos, pois, conforme atesta Bakhtin (1992) e reafirma Brandão (1995), o signo é ideológico por excelência e caracteriza-se pela plurivalência. Nessa perspectiva, a recorrência a diferentes formações discursivas, apresentadas a seguir, mostra como o substantivo *terra* torna-se plural, dado seu caráter polissêmico.

a) Para o indígena, a terra é vitalidade, "é o chão de sua história, de sua cultura, de sua coesão, de sua sobrevivência... Não se compra nem se vende. Nela se vive. (...) raiz de sua organização familiar e comunitária" (Caravias & Souza, 1988: 78). À proposta de compra de terra indígena feita pelo presidente dos Estados Unidos,

Franklin Pierce, em 1854, ao chefe da tribo Duwamish, Seatle, este respondeu expressando o valor da terra para o índio: "Como é que se pode comprar ou vender o céu, o calor da terra? Essa ideia nos parece estranha. (...) a penumbra na floresta densa, cada clareira e inseto a zumbir são sagrados na memória e experiência de meu povo. A seiva que percorre o corpo das árvores carrega consigo as lembranças do homem vermelho. (...) Somos parte da terra e ela faz parte de nós. As flores perfumadas são nossas irmãs; o cervo, o cavalo, a grande águia são nossos irmãos. Os picos rochosos, os sulcos úmidos nas campinas, o calor do corpo do potro e o homem – todos pertencem à mesma família. (...) Se lhes vendermos a terra, vocês devem lembrar-se de que ela é sagrada, e devem ensinar às suas crianças que ela é sagrada e que cada reflexo nas águas límpidas dos lagos fala de acontecimentos e lembranças de meu povo. O murmúrio das águas é a voz de meus ancestrais...".

No discurso indígena, a terra é vital, apresenta-se como um corpo integrante da vida do ser humano.

b) Em uma acepção bíblica, a terra foi criada por Deus: "Deus fez a terra e o céu (...) modelou o homem com a argila do solo, insuflou em suas narinas um hálito de vida e o homem tornou-se um ser vivente" (Gen. 2, 4-7). Da terra Deus fez o homem, a quem a prometeu. Confiantes na obtenção da terra fértil, terra de promissão divina, muitos clãs familiares deslocaram-se de seu habitat para apossarem-se da terra prometida por Deus, onde iriam criar seus filhos e rebanhos, onde toda sua descendência iria viver em agradecimento ao presente de Deus. Assim, Abraão, com seu povo, destina-se à Canaã, terra fértil no meio do deserto, prometida por Deus, que vertia leite e mel – metáforas da agricultura e da colheita. Chegando à terra prometida, Abraão construiu um santuário em agradecimento à promessa e recebeu a bênção de Deus em nome de todas as famílias da terra.

Do trabalho de Deus no mundo, Caravias & Souza (1988) lembram que a Bíblia registra também imagens da agricultura:

> Visitas a terra e a regas,
> cumulando-a de riquezas.
> O ribeiro de Deus é cheio d'água,
> tu preparas o teu trigal.
> Preparas a terra assim:
> regando-lhe os sulcos,
> aplanando seus terrões,
> amolecendo-a com chuviscos,
> abençoando-lhe os brotos.
>
> Coroas o ano com tua bondade,
> e tuas trilhas gotejam fartura;
> as pastagens do deserto gotejam,
> e as colinas cingem-se de júbilo;

> os campos cobrem-se de rebanhos,
> e os vales se vestem de espigas,
> dão gritos de alegria e cantam.
> (Sal 65, 10-14)

Segundo a Bíblia, a terra é uma dádiva divina para que todos os homens possam nela e dela viver em igualdade, em irmandade. A terra é também *mãe*, dá a vida ao homem e o recebe de volta após a morte. "Nu saí do ventre de minha mãe e nu voltarei para lá" (Jó, I, 21).

c) O sentido sociológico de terra resgata a ideia da propriedade, associa-se, portanto, à posse. "A propriedade consiste naquelas coisas, materiais ou não, sobre as quais as pessoas têm direito" (Mitchell, s/d: 383). Trata-se de um direito socialmente reconhecido, que passa por implicações jurídicas.

Sobre a terra como propriedade, Silva (1994: 7) observa que "a formação da propriedade da terra no Brasil (...) constituiu-se fundamentalmente a partir do patrimônio público (...) o monopólio da terra foi se formando num lento processo de passagem das terras chamadas devolutas para o domínio privado". Nesse processo, prevaleceu a estrutura agrária do latifúndio.

A posse e a distribuição das sesmarias, no período colonial, foi a grande responsável pela agricultura fundiária, que ainda perdura no Brasil. Na história da propriedade da terra, "com o início do povoamento da colônia é que começaria o processo de apropriação das terras, utilizando para isso os dispositivos da lei das sesmarias, promulgada em Portugal" (...) "Durante três séculos, os donatários e o governo geral distribuíam sesmarias, nos vários quadrames do país, a pessoas gradas e influentes e que participavam direta ou indiretamente da ação da conquista e da expropriação das tribos indígenas" (Andrade, 1994: 20). Somente em 1850, o Estado resolveu colocar um fim à "disponibilidade de terras com a qual até então se beneficiara a camada dominante no campo" (Silva, 1994: 7). A partir dessa data, sendo os Estados os proprietários da terra, o sistema de compra e venda foi estabelecido como a forma de obtenção das terras devolutas; no entanto, tem-se o registro da legalização da posse de terras por camadas dominantes até 1920, em Minas Gerais, e 1929, no Pará. Na verdade, os Estados contribuíram para a apropriação das terras pelos "'coronéis' que, com seus 'currais eleitorais', elegiam os deputados, os senadores e os governadores" (Andrade, 1994: 23).

Nesse contexto, nas regiões de difícil acesso, surgiram os posseiros, em especial, os pequenos produtores; surgiram também, no cenário brasileiro, os grileiros (falsificadores de títulos de propriedade de terra) para promoverem a especulação de terras, que foram os responsáveis por um acentuado aumento do preço da terra. Já em meados do século XX, alguns grandes produtores entraram em decadência (houve a perda da importância das plantações de café) levando à divisão de latifúndios em pequenas glebas, muitas vezes, vendidas a antigos colonos.

De uma maneira geral, há várias formas de uso da terra como propriedade, mas todos se voltam para a sua exploração, no processo produtivo, visando o lucro. A relação de "propriedade se configura exclusiva, é socialmente aceita e está legalmente estatuída" (Bobbio & Pasquino, 1992: 1022). Silva (1986: 1004) acrescenta: "é sinônimo de capital ou patrimônio líquido". Nesses discursos, os sentidos de terra se inscrevem na história do Brasil como parte integrante dessa história. Ao verificar as formas da posse da terra, uma análise mais acurada explica o surgimento do proletariado, pois, se de um lado surgem os latifundiários, há, por outro, o espaço destinado aos trabalhadores, que constituem a força produtiva em seu benefício, já que houve até mesmo a utilização do trabalho escravo. Os sentidos de terra como propriedade evidenciam as formações discursivas em diferentes momentos políticos da história do Brasil.

d) Para a sociedade capitalista, terra recebe sentidos semelhantes aos apontados anteriormente. Inicialmente, opõe-se o espaço físico rural, por vezes denominado *roça* ou *fazenda*, ao espaço físico urbano. A terra, referida basicamente àquele espaço, é considerada como propriedade, como bem material. Nesse contexto, abordado de maneira ampla, duas perspectivas contrastam-se demandando diferentes formações discursivas, nas quais os sentidos do substantivo *terra* distinguem-se. De um lado, encontra-se o proprietário e de outro o trabalhador rural, o lavrador.

O proprietário, por meio do capital, procura exercer domínio sobre a terra, estabelece com ela uma relação social pela mediação da natureza transformada pelo trabalho, que produz a riqueza, o capital apropriado pelo capitalista. O capital transforma os bens naturais em mercadorias e transforma também a natureza em uma incessante busca de bens.

O capital necessita da terra como lugar e como fonte original de sua existência, assim como necessita de trabalho alheio para valorizar-se e tornar-se poderoso. Segundo Poletto (1998: 67), a terra é um bem que a humanidade encontra pronto, "ofertado por dinamismos naturais constitutivos do universo". O capitalista toma posse desse bem material na busca de riqueza e *status* social.

Para o lavrador, força de produção do capital alheio, a terra é fonte de trabalho para a sobrevivência, utilizada apenas para o sustento familiar. No entanto, esse sujeito foi expropriado, excluído dos interesses capitalistas da sociedade. Acerca dessa expropriação, torna-se oportuna a afirmação de Caravias & Souza (1988: 266): "a pobreza não é natural nem cultural. É social e política".

A recorrência aos discursos aqui enumerados, ainda que a título de ilustração, explicita diferentes sentidos de *terra*, assegurando, pela ideologia inerente a cada discurso, uma coerência e uma coesão geral. Verifica-se, portanto, que ideologia vai além do nível empírico, é determinante de sentidos no discurso. A formação discursiva é concomitante com a formação ideológica e o discurso se presta à veiculação da ideologia que determina a produção de sentidos na linguagem e serve-se dela para reproduzir e/ou transformar-se.

Quanto aos sentidos de terra no discurso do sem-terra, verifica-se, inicialmente, que a afixação do advérbio *sem* ao substantivo *terra*, com o qual, pelo processo de composição, forma o substantivo *sem-terra*, nega-lhe, entre outros, os sentidos enumerados acima, visto que esse advérbio, originário do latim *sine*, remete à privação, exclusão, ausência, indica falta. São esses os sentidos determinantes do surgimento do sujeito social denominado *sem-terra*, decorrentes das transformações histórico-político-sociais sofridas pelo trabalhador rural no Brasil. O sem-terra volta-se contra o proprietário da terra, busca combater o capital. Reside nesse combate ao capital o caráter revolucionário atribuído aos movimentos de luta pela terra.

Feitas essas considerações preliminares, proceder-se-á à análise do emprego do vocábulo *terra* e lexemas correspondentes, com os quais forma um campo semântico no discurso do sem-terra, visando a explicitar os sentidos de terra no discurso desses sujeitos.

Terra no discurso do sem-terra: diferentes lexemas e sentidos confluentes[1]

Nas entrevistas realizadas com os sem-terra acampados, material deste estudo, encontram-se constantes referências à terra com o uso de vocábulos e/ou locuções como terra, terrinha, terreno, terreiro, chão, roça, fazenda, área, espaço, lugar, lugarzinho, lote, mãe, pedaço, pedacinho, terra devoluta, mãe terra, lote de terra, pedaço de chão, pedacinho de chão, pedaço de terra, pedacinho de terra, área de chão[2] e, ainda, elementos dêiticos como lá, aqui, isso aqui. Todos remetem para uma proximidade, uma intimidade entre os sujeitos entrevistados e a terra almejada como um direito e explicitam uma função social da terra para os sem-terra. Essa função atribuída à terra, ou esperada da apropriação da terra, faz-se presente em todas as entrevistas conforme se verá a partir da análise dos fragmentos a seguir.

> Fragmento 1
>
> Eu acho que a reforma agrária é educação e reforma agrária é transformação, aquele que acredita que é isso ele geralmente ele gosta de trabalhá em grupo agora aquele que acha que não... eu quero é meu pedaço de chão mesmo e vou fazer minha cerquinha (S9)

Nesse fragmento, o entrevistado discorre acerca da organização do trabalho ressaltando a importância da consciência da Reforma Agrária que, tomada como um direito do cidadão, requer mudanças, formação de uma nova ideologia. Assim, o enunciador considera que os sujeitos que se inscrevem nessa perspectiva defendem a prática do trabalho coletivo, em contraposição, colocando-se como locutor para outros enunciadores, como se pode observar pela afirmação "eu quero é meu pedaço de chão", atribui à defesa do trabalho individual a falta de uma consciência política social, na qual se fundamenta, em sua concepção, a luta pela reforma agrária. A terra, referida como *pedaço de chão*, representa pequena delimitação geográfica, porém um espaço suficiente à subsistência de um lavrador e sua família. Em momento posterior, o mesmo sujeito enunciador desse fragmento, interrogado sobre o projeto para organização do trabalho futuro, destinado ao uso da terra quando o assentamento tornar-se realidade, incisivamente, explicita a função social da terra.

> Fragmento 2
> Agora quando fala a terra tá saindo vai ficar muito mais difícil de levar essa discussão adiante... é porque... é... eu acho... eu acho... eu creio... que as pessoas ainda a maioria das pessoas ainda não estão pensando na questão na função social da terra ainda não estão pensando... e quando não se pensa na função social da terra da propriedade eu acho que é muito difícil de se trabalhar nessa questão viu (S9)

A terra, nessa perspectiva, é considerada como instrumento que possibilita uma reorganização da sociedade, ou a construção de um novo grupo social. Na verdade, esse sujeito (S9) apresenta, em sua entrevista, acentuado desejo de implementação de um sistema socialista para a estruturação social dos acampamentos e assentamentos que constituem o Movimento de Luta pela Terra. A terra é apresentada em seu discurso como propriedade adequada à produção coletiva, propícia à construção de bens materiais comuns aos sujeitos integrantes de um mesmo espaço, no qual produzirão, por meio do trabalho, as condições necessárias para nele se viver.

Terra é também material, delimitação geográfica, propriedade à disposição do homem, da qual se deve fazer um uso socialmente determinado. Residem na forma peculiar de utilização da terra os sentidos de (re)organização social atribuídos a ela no discurso.

Concluindo a entrevista, o sujeito reitera de maneira apelativa a necessidade de utilização da terra para transformar a sociedade, como pode ser notado no fragmento seguinte.

> Fragmento 3
> Quero dizê pra todos que... a consequência que a visão... que a visão maior dos trabalhadores rurais sem-terra que mora hoje na barraca de plástico é de fato fazer uma transformação social no Brasil... e que nós acreditamos que essa terra que a

terra... que a mãe terra é a maior condição que a única condição de vida pra todos nós brasileiros (S9)

Em nome de todos os sem-terra, o enunciador reafirma a função social atribuída à terra, ou seja, defende um determinado uso da terra contrário aos interesses capitalistas, no qual esteja assegurada a produção das condições de trabalho adequadas, visando a garantia da produção alimentícia e a (re)inserção desses sujeitos marginalizados, excluídos, à sociedade, assegurando-lhes o exercício da cidadania.

Mesmo sem recorrer a prescritos bíblicos, sem clamar o nome de Deus, o discurso desse entrevistado apresenta-se análogo ao discurso bíblico, quando atribui valor maternal à terra e considera-a abundante, o único meio adequado à produção e reprodução da vida humana.

Nesses fragmentos, enunciados por um mesmo sujeito, S9, o desejo de conquista da terra vincula-se diretamente a um desejo de transformação da condição social dos sem-terra; o enunciador busca construir um modelo de sociedade divergente do sistema capitalista vigente no Brasil, nega-se o capitalismo visando a implantar o socialismo, sendo a terra o objeto primeiro responsável por essa transformação. Verifica-se, portanto, que os sentidos de terra no discurso do sem-terra peculiariza esse discurso, tendo em vista a função social a ela atribuída. Terra representa meio de transformação da sociedade e os sujeitos discursivos em questão inscrevem-se na história do Brasil, construindo-a.

Os sentidos de terra no discurso do sem-terra decorrem de uma formação político-ideológica e discursiva inerente à constituição desse sujeito. Nessa perspectiva, a consciência, a verificação da existência de terra propícia a suas necessidades produz no discurso outro sentido para terra, em complementação aos acima apresentados.

Fragmento 4

Isso uai... toda vida foi uma terra devoluta mesmo... foi... foi explorado poco tempo pra cá... nois passava nessa rodovia aí ó isso era um cerradão (S1)

Referindo-se a um lugar específico, apontado pelo dêitico *isso*, o sujeito qualifica a terra com o adjetivo *devoluta*, explicitando a existência de terra ainda não utilizada, disponível ao cultivo, à plantação e à colheita de alimentos. Justifica, assim, a luta pela terra, pois não estariam invadindo propriedade alheia, estariam ocupando um espaço não habitado, ainda não cultivado. Reside aí o caráter de justiça e direito que o sem-terra confere às suas reivindicações.

A possibilidade de construção social atribuída à conquista da terra é expressa em inúmeros momentos nas entrevistas, como vem sendo assinalado. O fragmento seguinte reitera esse aspecto.

Fragmento 5

A gente tem vontade de um dia tê pedaço de um dia tê um pedaço de terra da gente pra vê se a gente vai consigui pelo menos uma iscola no assentamento (S2)

A referência à terra sempre acompanhada de um delimitador espacial – *espaço* – imputa singeleza às reivindicações dos sujeitos em questão contrapondo-as aos anseios da sociedade capitalista, aos interesses da burguesia, os quais contestam. O discurso do sem-terra caracteriza-se por uma idealização de construção social, em que se eliminam pretensões de acúmulo de riqueza. O desejo de propriedade de terra pode ser traduzido na necessidade de produção das condições básicas à existência social, objetiva construir um espaço social adequado à inserção dos sem-terra à sociedade, que lhes assegure a dignidade. A escola almejada acessível tem a finalidade de eliminar aos filhos dos entrevistados a marginalização em que se encontram; é uma forma de integrá-los à sociedade como cidadãos.

A construção social do próprio espaço é pensada em um plano coletivo, envolvendo o grupo e não o indivíduo apenas. Há, na verdade, um desejo de transformação da sociedade, de maneira a promover uma ascensão à classe baixa. O fragmento 6, a seguir, expressa esse ensejo.

Fragmento 6

Nois num tava só quereno é... nosso lote de terra não... nois quiria que as pessoas que tivesse na cidade também gozasse da reforma agrária que só a reforma agrária é que vai resolvê o nosso pobrema do Brasil... num num é brincano a gente num tá aqui só pelo lote de terra... hoje eu quero meu lote de terra e vô abandoná e num quero sabê de reforma agrária... não nois tamo aqui nois qué nosso lote de terra mais nois tamém queremos que muitos que tá lá na cidade passano falta vem pra reforma agrária purque a terra Deus deixô ela foi pra todo mundo prantá e se nois não prantá nois não sobrevive (S2)

A referência à terra como *lote de terra* – pequena área de um terreno destinada à agricultura, ao plantio – imputa delimitação, aspecto constitutivo do objetivo da luta dos sujeitos que visam a adquirir um espaço, ainda que pequeno, suficiente para a subsistência. O desejo da cultura de subsistência é estendido a todas as pessoas que se encontram em situação de penúria, relegadas às margens da sociedade, não se limita aos sujeitos engajados no Movimento de Luta pela Terra.

Ao referir-se à terra, o enunciador recorre ao discurso bíblico, cujo caráter sagrado fornece fundamentação ao discurso do sem-terra rumo a seus objetivos, reiterando-lhe o senso de justiça, de honestidade. Sendo a terra uma dádiva divina, um presente de Deus a toda a humanidade, tal explicitação no discurso tem a finalidade de contestar as forças contrárias ao movimento, procurando desarticulá-las. O discurso desses sujeitos constitui uma prática social, uma forma de ação político-ideológica engendrando a luta.

O desejo de transformação social verificado nos efeitos de sentido de terra no discurso do sem-terra vincula-se ao sonho de restabelecimento social, de reconstrução de um mundo sociocultural experimentado por esses sujeitos no passado. Observando a história da sociedade brasileira, a qual os sem-terra integram, verifica-se a transformação sofrida por esses sujeitos por seus deslocamentos no espaço e no tempo. No presente da entrevista, integram um mundo diferenciado do que procuram reconstruir, assim, almejam transformar a sociedade por meio da produção agrícola, considerada como recurso que julgam capazes de utilizar. Essa trajetória peculiar aos entrevistados, vinculada à tentativa de mudança da sociedade, apresenta o uso do diminutivo no discurso como um recurso argumentativo, como pode ser observado no fragmento 7.

> Fragmento 7
>
> Meu sonho é... pegá minha terrinha... fazê minha casinha... meu quintal... né... uma hortinha boa... tê lá minhas vaquinha poquinha... e uma rocinha... que eu vô mexê com roça né... de ano... com roça mais é roça... num tem esse negócio de criá boi essas coisa num é comigo não... isso é só... pa gente grande memo... e eu vivê na cidade é ruim... sabe... assim... se eu tivé assim na roça e tê um lugarzim pocê vivê é bão demais (S 10/p.106)

A recorrência ao diminutivo atribui, incisivamente, um caráter de humildade às solicitações dos sujeitos em luta, bem como ao objetivo da luta, pois reivindicam apenas o mínimo necessário para o estabelecimento de uma forma digna de pertencer à sociedade. A intensidade desse aspecto consiste em uma estratégia argumentativa caracterizando esse discurso, visto que, no fragmento 7, terra é expressa por substantivos no diminutivo – *terrinha*, *lugarzim* – e vem associada a outros substantivos também no diminutivo: *casinha*, *hortinha*, *vaquinha*, *rocinha*, com os quais constitui um campo associativo. Terra é expressa ainda por *roça*, cujos sentidos remetem a ambiente rural e, em especial, nesse contexto, a terreno para o cultivo de pequena lavoura, propício a saciar as necessidades alimentares do sujeito em questão.

O fragmento 8, transcrito a seguir, mostra a terra a ser conquistada como uma possibilidade de resgatar a cultura rural em que os sujeitos sem-terra se originaram.

> Fragmento 8
>
> Meu sonho é consigui um terreno... meu sonho é consigui um terreno porque eu acho que é muito bão (...) a terra vai sê melhor porque a terra vai tê espaço pra mim plantá... criá uma galinha que eu gosto... um porquim... eu acho que vai ficá pos meus filho até pode ficá pus meus neto... então por isso que isso aí é minha vontade de tê um terreno (...) e ocê teno seu terreno tê sua casinha de telha cê tem mais liberdade na sua vida (S3)

Terra, terreno, chão, roça apresentam sentidos comuns: remetem a um espaço, ainda que imaginário, para a (re)constituição social dos sujeitos sem-terra em cidadãos livres, maneira de deslocarem-se da condição de marginalizados em que se encontram a integração à sociedade, reflete também a esperança, traduzida em um sonho de todos os sujeitos envolvidos na luta. Essa busca firma-se em experiências vividas no passado, que lhes fornecem formações socioculturais que procuram reconstruir. Terra, terreno, chão, roça, cujos sentidos implicam espaço sociocultural rural, opõem-se às condições socioculturais vividas nas cidades, as quais são recusadas pelos sujeitos em questão priorizando a vida bucólica já experimentada em tempos passados.

Os sem-terra contestam as mudanças, as transformações ocorridas na história da sociedade brasileira, principalmente no que concerne às formas de produção da sociedade capitalista, pois as mudanças na obtenção do capital os fez vítimas de um sistema político-econômico, contra o qual suas ações voltam-se. O discurso integra e constitui as práticas sociais desses sujeitos, possibilitando a construção da história dos movimentos de trabalhadores rurais em luta pela terra. É o discurso, tomado como prática social, que possibilita a articulação da luta, a organização e a realização de manifestações públicas em frente de órgãos como o INCRA. Essa caracterização do movimento apresenta, nos sentidos produzidos pelo campo semântico de *terra*, o aspecto político-ideológico veiculado no discurso do sem-terra como característica desse discurso, como sua coesão semântica.

O fragmento seguinte aponta, na formação discursiva do sem-terra, como os sentidos de terra já assinalados constituíram-se no discurso.

> Fragmento 9
> Eu achava que aquilo é o seguinte nóis num tem corage de invadí a terra de ninguém aquilo pra mim eu achava que era parte de... de disonestidade... aí que eu fui cunversano cum várias pessoas que intendia da luta reforma agrária aí eu... fui passano pra minha cabeça que num tinha nada de disonestidade... a disonestidade tava sim nos fazendero que queria vamo supô assim... forçá uma área que nem era deles... era do Estado... eles tinha uma área deles e queria uma área que num era deles que era aquela área podia sê nossa (S 15)

Terra, independente de seu uso, é, inicialmente, apresentada como propriedade privada e, como tal, não deveria ser invadida; entretanto, a interação social do enunciador faz com que seja mudado o lugar de onde enuncia. Passa a opor-se ao sistema capitalista, que possibilita o acúmulo de riquezas por poucos sujeitos, acentuando a miséria de outros. O lexema área significando, em um primeiro momento, delimitação geográfica, pode ser traduzido como espaço de terra pretendido por latifundiários em uma constante corrida rumo ao acúmulo do capital, sendo a terra bem material a ser apossado. O que se considera excesso para os capitalistas é buscado pelo sem-terra, já inscrito em nova formação ideológica e, portanto, discursiva.

O significado de terra, no fragmento abaixo, intensifica o desejo de independência a ser assegurada pela obtenção da terra.

> Fragmento 10
> Eu entrei nessa luta e dessa luta só vô saí a hora que eu tivé no meu pedacim de chão... né... mais o pedacim de chão meu é lá é lá na fazenda né num é lá pu cimitério não (risos) (S7)

A persistência do sujeito, o ânimo que o embala na luta, intensificam as representações da propriedade da terra para o sem-terra. A conquista da terra, de um *pedacim de chão*, representa um sonho de liberdade, a conquista de novas condições de vida, a integração social ao mundo. A terra conquistada apresenta-se como o lugar ideal para a construção da própria vida, para viver plenamente.

A referência à fazenda indica o espaço rural em oposição ao urbano, lugar sociocultural onde se localiza a terra almejada, mundo a que o sujeito sem-terra procura reintegrar-se como partícipe. O desejo da posse da terra associa-se ao desejo de vida. Ainda que por meio de charge, refuta-se a possibilidade de unir-se a terra pela morte, ocorrência que o levaria a ocupar um ínfimo espaço de terra, mínimo, mas o necessário.

A terra representa o restabelecimento sociocultural, a reconstrução de costumes que se opõem a vida urbana. Assim, terra, pedaço de terra, pedacinho são diferentes vocábulos que convergem para um mesmo sentido: recurso para livrar-se da submissão, da penúria, forma de ascensão social.

Conforme se mencionou anteriormente, a apresentação das pretensões dos sujeitos em luta pela terra como ínfimas à sociedade pode ser destacada como característica da estrutura argumentativa do discurso do sem-terra e, ainda, assegurar a coesão desse discurso, uma vez que, mesmo reivindicando a propriedade da terra, contesta o sistema capitalista vigente. Os sem-terra lutam pela construção de um espaço social que lhes seja adequado, em que possam produzir e reproduzir as próprias condições de produção.

Os sentidos de terra no discurso dos sujeitos sem-terra inscrevem-se em uma perspectiva ideológica que garante a coesão do discurso e o diferencia de outros discursos. Nessa perspectiva, verifica-se o emprego de vocábulos como área, pedaço, lote, lugarzinho, pedacinho apontando para delimitação geográfica, para um espaço físico necessário ao estabelecimento social desses sujeitos. Diretamente vinculados a esse aspecto, os sentidos de terra, lugar, mãe terra, pedaço de terra, pedaço de chão explicitam uma função social para a terra, que representa, ainda que em um espaço imaginário idealizado, as possibilidades de trabalho, de produção, a reconstrução da própria vida, a (re)inserção dos sujeitos à sociedade. A constante recorrência ao diminutivo exprime humildade ao pedido, às reivindicações dirigidas a sociedade. A conquista da terra tem também uma função política, pois possibilitará aos sujeitos em luta a obtenção de melhores recursos para trabalharem por uma desejada transformação social, fazendo com que todos os sujeitos em penúria possam emergir socialmente, possam viver com dignidade e tornarem-se cidadãos respeitados na sociedade.

Considerações finais

Os sentidos de terra no discurso do sem-terra, assim como os sentidos produzidos em outros discursos, constituem-se em decorrência das peculiaridades político-ideológicas na enunciação, tendo em vista as condições histórico-sociais de produção do discurso. Para o sem-terra, terra é objeto de conquistas, é bem material, cuja natureza é transformada pelo trabalho, que possibilita a subsistência, é mãe fértil promissora à criação e à colheita, é *o chão da história e da cultura* desses sujeitos, mas representa, acima de tudo, uma função social que, de caráter político-ideológico, se volta para a transformação das condições de produção dos sujeitos integrantes do Movimento de Luta Pela Terra.

Terra, como coesão semântica na formação discursiva do sem-terra, tem seus sentidos construídos pela história, na polaridade do bem e do mal. De um lado, situa-se a forma negativa marcada pela pobreza e pela fome, pela exclusão social; em outro extremo, há a forma positiva, cujos sentidos negam aqueles e remetem à possibilidade de vida.

Notas

1 Os fragmentos selecionados para análise neste estudo foram recortados das entrevistas que constituem o *corpus* da pesquisa *Interação Social e Formação Discursiva do Sem-terra* que o presente estudo integra. O material (entrevistas) foi, gentilmente, cedido por Silva (1996).

2 Os efeitos de sentido do diminutivo nos lexemas que constituem o campo semântico referente à *terra* no discurso do Sem-terra foram focalizados em Fernandes & Ferreira (1999).

Referências bibliográficas

A Bíblia de Jerusalém. São Paulo: Paulus, 1985.

ANDRADE, Manoel Correia de. *A questão da terra na Primeira República*. In: *História e perspectivas*. Uberlândia: Universidade Federal de Uberlândia, n. 10, jan./jul, 1994, pp. 19-30.

BAKHTIN, Mikail. *Marxismo e filosofia da linguagem*. Trad. Michel Lahud e Yara Frateschi Vieira. São Paulo: HUCITEC, 1992.

BRANDÃO, Helena. H. Nagamine. *Introdução à análise do discurso*. Campinas-SP: EDUNICAMP, 1995.

BOBBIO, Norberto & PASQUINO, Gianfranco. *Dicionário de política*. Brasília: EDUnB, 1992.

CARAVIAS, José L. & SOUZA, Marcelo de Barros. *Teologia da terra*. Petrópolis: Vozes, 1988.

FAIRCLOUGH, Norman. *Discourse and social change*. Cambridge: Polity Press, 1995.

FERNANDES, Cleudemar Alves. *Interação social e formação discursiva no movimento de luta pela terra*. São Paulo: FFLCH/USP, Tese de Doutorado, 2001. (mimeo).

______& FERREIRA, Luzmara Curcino. *Terra no discurso do sem-terra do Triângulo Mineiro*: aspectos estilístico-discursivos. In: *Letras & Letras*. Uberlândia: Universidade Federal de Uberlândia, v. 15, n. 2, jul./dez. 1999, pp. 19-28.

MITCHELL, Duncan G. *Novo Dicionário de sociologia*. Porto: Rés-Editora, s/d.

ORLANDI, Eni Pulcinelli. *Análise de discurso*: princípios e procedimentos. Campinas-SP: Pontes, 1999.

PÉCHEUX, Michel. *Análise automática do discurso (AAD-69)*. In: GADET, Françoise & HAK, Tony. *Por uma análise automática do discurso*: uma introdução à obra de Michel Pêcheux. Campinas-SP: EDUNICAMP, 1990, pp. 61-162.

______& FUCHS, Catherine. *A propósito da análise automática do discurso*: atualização e perspectivas (1975). In: GADET, Françoise & HAK, Tony. *Por uma análise automática do discurso: uma introdução à obra de Michel Pêcheux*. Campinas-SP: EDUNICAMP, 1990, pp.163-252.

______. *A análise do discurso*: três épocas (1983). In: GADET, Françoise & HAK, Tony. *Por uma análise automática do discurso*: uma introdução à obra de Michel Pêcheux. Campinas-SP: EDUNICAMP, 1990, pp. 311-19.

POLETTO, Ivo. *O marxismo e a terra*. In: CARAVIAS, José L. & SOUZA, Marcelo de Barros. *Teologia da Terra*. Petrópolis: Vozes, 1988.

SILVA, Benedicto (org.). *Dicionário de ciências sociais*. Rio de Janeiro: Editora da Fundação Getúlio Vargas, 1986.

SILVA, Lígia Maria Osório. A apropriação territorial na Primeira República. In: *História e Perspectivas*. Uberlândia: Universidade Federal de Uberlândia, n. 10, jan./jul, 1994, pp. 19-30.

SILVA, Luzia Marcia. Rezende. *Os trabalhadores em luta pela terra no Triângulo Mineiro*: 1989/1996. São Paulo: Pontifícia Universidade Católica de São Paulo, 1996. Dissertação de Mestrado (mimeo).

Linguística aplicada e formação de professores de língua estrangeira

Ernesto Sérgio Bertoldo

O poder disciplinar se exerce tornando-se invisível: em compensação impõe, aos que submete, um princípio de visibilidade obrigatória. Na disciplina, são os súditos que têm que ser vistos. Sua iluminação assegura a garra do poder que se exerce sobre eles. É o fato de ser visto sem cessar, de sempre poder ser visto, que mantém sujeitado o indivíduo disciplinar.
Foucault (1975/1989: 167)

Neste artigo, argumentamos que a trajetória da Linguística Aplicada (LA), em seu intuito de legitimação como ciência, leva-a a priorizar a teoria, mantendo a dicotomia entre teoria e prática. Inserida nos cursos de Letras que formam professores de Língua estrangeira (LE), a LA toma para si a tarefa de articular teoria e prática, valendo-se da lacuna existente nos cursos de licenciatura que, normalmente, não problematizam suficientemente a complexa relação entre teoria e prática. Tenhamos em vista, assim, em que condições a LA se insere nos cursos de Letras que formam professores de LE, assim como o seu percurso de consolidação tanto no Brasil quanto no exterior e os fatores que envolvem tal percurso.

A formação profissional dos futuros professores de LE nos cursos de licenciatura é composta, basicamente, por dois grupos de disciplinas: um primeiro, a que denominamos de *formação específica*, no qual os futuros professores entram em contato com o conhecimento linguístico, metalinguístico, literário e metaliterário; um segundo, que pode ser denominado de *formação profissional*, que abarca as disciplinas que introduzem um conhecimento: o *pedagógico* – Psicologia da Educação, Didática Geral, Metodologia do Ensino de Línguas (Didática Especial de Ensino de Línguas – esta presente apenas em alguns cursos de licenciatura.), o *metapedagógico* – Estrutura e Funcionamento do Ensino Fundamental e Médio e o *pedagógico aplicado* Prática de Ensino de LE.

O quadro apresentado se altera, sobretudo, no que diz respeito ao componente de formação didático-pedagógico, quando, ao trabalhar o conhecimento pedagógico aplicado, a disciplina Prática de Ensino, dadas as limitações impostas ao seu trabalho pelos currículos das licenciaturas[1] (via de regra, a disciplina Prática de Ensino de Línguas é ministrada nos últimos semestres da graduação), assume um caráter muito mais pedagógico do que pedagógico-aplicado propriamente dito. Em outras palavras, assistimos a uma sobrecarga da disciplina Prática de Ensino que assume, nesse contexto, a tarefa de preparar os alunos, futuros professores, também do ponto de vista teórico, tarefa que estaria, em princípio, reservada às disciplinas que lidam com o conhecimento pedagógico. Isso porque há uma tal fragmentação da formação do professor que não lhe proporciona uma visão interdisciplinar que permitiria a articulação entre os conhecimentos próprios de cada uma das disciplinas de formação profissional.

Configura-se, assim, a impossibilidade de a Prática de Ensino corresponder às expectativas da formação de professores nos cursos de licenciatura na "prática". Tal insucesso dá lugar a discursos reivindicatórios: os professores de Prática de Ensino reivindicam maior espaço, em termos de carga horária, argumentando que não se consegue, ao mesmo tempo, prover conteúdos teóricos capazes de nortear sua prática pedagógica e, ainda, proporcionar experiências práticas relevantes para os futuros professores.

É nesse contexto que presenciamos a inserção da LA nos cursos de licenciatura. A ela vem a caber, através de uma perspectiva teórico-aplicada, a tarefa de mediar os conhecimentos teóricos e a prática pedagógica, uma vez que tal mediação não se viabilizava em currículos de graduação que privilegiavam a teoria em detrimento da prática[2]. Inúmeros são os questionamentos sobre o papel das disciplinas pedagógicas e metapedagógicas, geralmente "importadas" dos Institutos ou Faculdades de Educação, entre os alunos e mesmo entre os professores formadores e, especialmente, no espaço circunscrito à Prática de Ensino.

Ocorre também, muitas vezes, uma total indiferença, por parte desses formadores, com relação àquilo que as disciplinas de formação profissional se impõem como tarefa na graduação de modo geral, o que serve, inevitavelmente, para acirrar a distância entre as várias áreas do conhecimento que contribuem para a formação dos futuros professores de LE.

A tarefa da LA na graduação[3] seria, então, a de prover o conhecimento teórico-aplicado necessário para que a prática pedagógica, que se realizaria na Prática de Ensino, informada teoricamente, pudesse ser realmente atuante, levando a uma formação mais eficaz, eficiente, melhor, portanto, do professor de LE. Para isso, a LA assume o papel de prover aos futuros professores teorias consideradas necessárias para a sua formação. Uma vez que ganha espaço institucional nos cursos de Letras, a LA passa a assumir uma posição tutelar. Em outras palavras, torna-se a disciplina que, tratando das questões que atingem diretamente a formação dos futuros professores e imbuída do poder que lhe é conferido exercer institucionalmente, vem a se constituir como referencia, determinando o que deve ou não constar como válido para a agenda de formação do futuro professor. Assim, a LA passa a exercer um poder que, até então, vinha sendo exercido pela "Prática de Ensino".

Para que aprofundemos o papel e/ou a influência dos estudos realizados no âmbito da LA que abordam a formação dos professores de línguas, tanto dentro como fora do contexto dos cursos de licenciatura, faz-se importante mostrar como a LA se constitui como área, tanto no exterior quanto no Brasil. Tal demonstração permite, a nosso ver, compreender como a formação de professores de línguas passa a fazer parte de sua agenda de interesses e, consequentemente, apreender qual(is) a(s) proposta(s) de formação de professores de línguas é(são) postuladas pela LA em sua trajetória de afirmação como campo de conhecimento distinto.

Iniciemos pela história do termo *Linguística Aplicada*, que é recente. No entanto, Bohn (1988: 16-17) indica que, já em 1946, a LA compunha o conjunto de disciplinas da Universidade de Michigan. Segundo esse autor, o Instituto de Língua Inglesa (English Language Institute) da Universidade de Michigan, em Ann Arbor, sob a liderança dos professores C. C. Fries e Robert Lado, desempenhou um papel importante na definição do termo e na sua propagação. Foi também na Universidade de Michigan que o termo foi pela primeira vez utilizado como subtítulo de uma revista acadêmica, no periódico *Language Learning*, ainda hoje editado pela referida universidade. Os autores ressaltam, ainda, que, devido ao prestígio de Fries e de Lado e ao fato de eles se interessarem pelo ensino de línguas, havia uma forte tendência em relacionar o termo ao ensino de línguas estrangeiras.

Já de acordo com Strevens (1991), o termo LA – uma invenção anglo-americana – está em uso desde 1956, com a Fundação da Escola de Linguística Aplicada da Universidade de Edimburgo e com a criação do Centro de Linguística Aplicada em Washington em 1957.

No caso da Escola de Linguística Aplicada da Universidade de Edimburgo, Strevens (op. cit.) argumenta que foram duas as motivações subjacentes à criação desse novo departamento. A primeira foi a que o autor chama de "diplomacia cultural". O Conselho Britânico objetivava promover cursos especializados para formadores de professores de inglês de alto nível, assim como para educadores, tanto dentro quanto fora da Grã-Bretanha, de modo que a prática de ensino de inglês nos países que formavam a Comunidade Britânica (Commonwealth) tivesse maior qualidade. A segunda motivação foi o fato de a Universidade de Edimburgo ter aceito que uma série de disciplinas relacionadas ao estudo acadêmico de línguas, além do inglês como LE ou mesmo segunda língua, viessem a compor o novo departamento.

A criação do Centro de Linguística Aplicada de Washington, por outro lado, teve sua origem ligada à Fundação Ford, sobretudo por suas preocupações e interesses na resolução de problemas de educação linguística encontrados nos países em desenvolvimento. Strevens (op. cit.) relata que a referida fundação via a necessidade de coletar e analisar dados sobre o papel e uso da língua inglesa e de outras línguas, particularmente nos países que haviam obtido sua independência da França ou da Grã-Bretanha. A consequência imediata dessas pesquisas foi o desenvolvimento de projetos de grande vulto que objetivavam produzir materiais didáticos e "treinar" professores para usá-los. É possível perceber que a questão da formação de professores, na LA, desde o seu surgimento, já se faz notar, enfocando-se predominantemente as questões metodológicas e a de conhecimento linguístico e, portanto, naturaliza-se o entendimento de LA em exclusiva relação com o ensino de línguas.

Assim, a atuação dessas instituições, que, praticamente cunharam o termo *Linguística Aplicada*, determinou a estreita relação entre seu surgimento e o ensino de LE, notadamente o ensino/divulgação da língua inglesa como LE e/ou segunda língua. A mobilização, tanto inglesa quanto americana, no sentido de promover o ensino e a aprendizagem do inglês para o desenvolvimento educacional de outros países atendia, assim, aos interesses políticos ingleses e americanos. Acompanhemos a fala de Strevens (1991: 14) na qual o autor, ao exemplificar os interesses de pesquisa da LA, reafirma o aspecto central do ensino de línguas:

> At Edinburgh, a principal task was to articulate for the first time, in new graduate-level courses, the intellectual bases of language learning and language teaching for the benefit of senior educators working in the developing world. In Washington, a principal task was to design and carry out multiple choices large-scale surveys of language use in Africa; these, in turn, would be a part of the design criteria for new programs of language teaching, including the preparation of new generations of teacher trainers. Applied Linguistics was thus produced simultaneously on both sides of the Atlantic, not as an apriori concept, but as the consequence of creative minds aware of the developments then current in the discipline of Linguistics, applying their talents to specific language-related tasks.[4]

A fala de Strevens sugere que as várias pesquisas empreendidas para se compreender os fundamentos científicos do ensino e da aprendizagem de línguas estavam isentas de propósitos políticos determinados. No entanto, é preciso ter em mente que o crescimento da LA nesse período, notadamente após a Segunda Guerra Mundial, está associado com a busca de novas formas de controle político e social do mundo, o que uma formação de professores técnica e, supostamente, neutra tratou de camuflar, o que Strevens parece ter esquecido. Em outras palavras, é preciso lembrar que as pesquisas realizadas significaram/significam construção de conhecimento que, como nos alerta Foucault (1979/1995), não está dissociada do exercício de poder. Não é por acaso que as pesquisas de como ensinar línguas estrangeiras, sobretudo a inglesa, se desenvolveram e, por que não dizer, continuam se desenvolvendo, sustentadas, via de regra, por teorias endossadas pela LA. Essas pesquisas, com o intuito de aperfeiçoar procedimentos e técnicas de ensino, acabam por tornar as soluções apresentadas naturais, harmônicas, objetivas, desconsiderando, por vezes, seu caráter sócio-histórico. Há de se ter em vista que é sob essas condições que a LA passa a se fundamentar, o que nos faz concordar com Luke, McHoul e Mey (1990: 34) quando afirmam que:

> many language planners embrace the discursive strategies of what Habermas (1972) has called "technicist rationality": the presupposition that the linear application of positivist social science could transform problematic, value-laden cultural questions into simple matters of technical efficiency.[5]

Nessa trajetória inicial da LA, então, fica patente sua identificação com o ensino de línguas e a formação de professores "competentes", cabendo enfatizar não ter sido a língua inglesa a única que recebeu atenção por parte dos linguistas aplicados. O próprio Strevens (1991) nos lembra que houve uma demanda por outras línguas estrangeiras, regionais e mesmo nacionais, que se evidenciava pelo crescente número de programas que eram oferecidos pelos diversos órgãos governamentais estrangeiros, responsáveis pelo ensino de línguas, tais como a francesa, a alemã, a italiana, a japonesa, a espanhola e a portuguesa, dentre outras. Dadas as demandas, mais linguistas aplicados vão sendo formados em centros de LA que se multiplicam tanto na Europa quanto nos Estados Unidos.

O trabalho dos linguistas aplicados dedicado, então, ao ensino das línguas, vai adquirindo reconhecimento e a LA vai se estabilizando enquanto um novo campo que detém o conhecimento (teoria) sobre o ensino de línguas, fundamentando-se na realização de pesquisas sobre como ensinar e aprender as línguas estrangeiras, legitima-se e passa a constituir um saber institucionalizado. Isso confere à LA o estatuto de referência para os assuntos concernentes à aquisição, ensino e aprendizagem de línguas estrangeiras e, em decorrência, à formação de professores.

Além desses centros, outro aspecto que marcou a consolidação da LA nesse período foi a criação de diversas associações e periódicos. A título de ilustração, poderíamos destacar a AILA (Association Internationale de Linguistique Appliquée), de 1964, BAAL (British Association of Applied Linguistics), de 1966, e AAAL (American Association of Applied Linguistics), de 1977. Dentre os periódicos, ressaltamos *Applied Linguistics* (AL), *Annual Review of Applied Linguistics* (ARAL), *English Language Teaching Journal* (ELT), *International Journal of Applied Linguistics* (IRAL), *Tesol Quarterly* (TQ).

Apesar de o entendimento da LA como ensino de línguas estrangeiras poder ser considerado muito produtivo e relevante para marcar uma das identificações da área, a opinião de que o campo de atuação da LA ultrapassa o ensino de línguas é unânime, assim como a ideia de que a LA não se confunde com aplicação de teoria linguística, entendimentos contra os quais os linguistas aplicados estão frequentemente se colocando e que servem para reforçar a LA como campo de conhecimento autônomo. Os linguistas aplicados enfatizam que, se a LA almeja obter um lugar no meio das outras ciências, independente da Linguística, ela deve assumir uma perspectiva ampla, abrangente.

Vários linguistas aplicados compartilham desse pensamento, dentre os quais destacamos Kaplan (1980), Widdowson (1980a, b), Krashen (1982), Spolsky (1980). Esses autores combatem veementemente, por exemplo, a noção de Corder (1973: 10):

> a LA é uma "atividade" em oposição a um "estudo". Ela faz uso de resultados de estudos teóricos. O linguista aplicado é um consumidor, ou usuário, e não um produtor de teorias.

Esses autores se opõem ao pensamento de Corder, pois entendem que, se a LA for considerada como uma mera consumidora de teorias, dependente da Linguística, ela não pode preencher os requisitos de uma ciência cujos pressupostos englobariam atributos tais como objetividade, clareza, inovação, criatividade, definição de objeto e metodologia de trabalho próprios, dentre outros aspectos pertinentes. Não atenderia, ademais, a uma imagem de ciência sólida (moderna), baseada em princípios de credibilidade e que busca a afirmação de uma verdade sobre seu objeto de estudo.

A esse respeito, Widdowson (1980a, b) afirma que, quanto mais fizermos "aplicação de linguística" ao invés de "linguística aplicada", menores serão as chances de produzir uma metodologia e um conjunto de princípios teóricos, passíveis de serem considerados científicos, fato que dificultaria o estabelecimento do campo como ciência, desejo, em geral, largamente apregoado pelos linguistas aplicados.

Já Strevens (1991: 16-17), também engajado nessa perspectiva de que a LA deve se estabelecer como ciência, propõe uma definição do campo que deve levar em conta seis fatores fundamentais:

> 1 - Applied linguistics is based in intellectual inquiry, gives rise to and makes use of research, and is discipline-related;
>
> 2 - Linguistics is essential to applied linguistics, but is not the only discipline that contributes to it;
>
> 3 - The choice of which disciplines are involved in particular applied-linguistic circumstances, and which parts of those disciplines, is contingent: it depends on what the circumstances are;
>
> 4 - The multidisciplinary nature of applied linguistics requires that its practical operations be realized in a number of different domains of human activity;
>
> 5 - Applied linguistics is typically concerned with achieving an end, with improving existing language-related operations, and with solving language-related problems;
>
> 6 - Linguists are not exempt from being socially accountable, from displaying a social conscience, and therefore, when possible, should use their knowledge and understanding in the service of humanity.[6]

Os seis fatores apresentados por Strevens coadunam-se com o pensamento dos linguistas aplicados anteriormente citados e são repetidos pelos linguistas aplicados brasileiros, reforçando, em última instância, que a LA traz, em seu bojo, uma abordagem que prima por ser multidisciplinar[7], não atrelada essencialmente à Linguística (fatores 1, 2, 3 e 4), abordagem essa que se concentra na solução de problemas relacionados ao uso da linguagem (fatores 5 e 6).

Essa noção de LA possibilita determinados domínios de atuação. Kaplan (1987: vii-x) relata que, no Congresso da AILA de 1987, quatro tendências que determinam o trabalho dos linguistas aplicados foram identificadas, quais sejam:

> innovative language education, language-education policy, newer technologies and language teaching, and the expanding role of the linguist in non-traditional settings, notably in law, business, and the sciences.[8]

Essas quatro tendências servem como princípios operacionalizadores dos seis aspectos mencionados por Strevens e usados para definir LA. Eles resumem, na verdade, o desejo de afirmação da LA como uma ciência que traz uma nova perspectiva para a política de educação linguística, novas tecnologias para o ensino de línguas, assim como uma ciência que atribui ao linguista aplicado um outro papel, qual seja, o de buscar outros cenários de pesquisa que envolvem os problemas mais diversos de uso da linguagem. Imbuída, então, dessa perspectiva, a LA se afirma como uma ciência que rompe com uma linguística estrutural, imanente, sua fonte teórica primeira, propondo soluções para problemas de uso de linguagem, pela busca de subsídios em outras áreas do conhecimento, e justifica, assim, sua existência como uma ciência social engajada. Assume, portanto, um modelo de ciência moderna, como se pode observar nos itens que descrevem as tendências que determinam o trabalho dos linguistas aplicados, como estampado no congresso da AILA. Notadamente, ao constituir suas preocupações o fato de ser inovadora em sua política de educação linguística e apresentar novas tecnologias para o ensino de línguas, a LA justifica sua existência como ciência, uma vez que há um produto por ela produzido (técnica): um dos requisitos da ciência moderna.

No Brasil, vemos que a trajetória da LA segue um percurso similar que também visa a confirmar o paradigma estabelecido no exterior. Vários são os trabalhos de linguistas aplicados brasileiros que se dispuseram a definir e levar adiante uma concepção de LA estabelecida por seus colegas estrangeiros, ou seja, uma área vocacionada a buscar soluções para problemas de uso de linguagem, uma área independente da Linguística, com objeto e metodologia de trabalhos próprios.

Em decorrência, ao longo das últimas décadas, foi se configurando uma "identidade" para a LA, também no Brasil. Exemplo disso foi a fundação, em 1990, da ALAB (Associação de Linguística Aplicada do Brasil), a qual permitiu agrupar e congregar as discussões, nem sempre convergentes, de pesquisadores sobre a natureza epistemológica da área[9], assim como possibilitar que os linguistas aplicados tivessem voz nas decisões maiores da área através de sua participação formal na AILA.

Como afirma Celani (1992:16), hoje, no Brasil, já podemos dizer que há uma comunidade de linguistas aplicados que se reconhece como tal e que contribui para a consolidação do campo. Nas palavras da própria autora:

> O que conta, acima de tudo, no entanto, é o senso de identidade concedido pelo reconhecimento dos pares, (...). E, no Brasil, é motivo de satisfação verificar que, neste momento, há um grupo de linguistas aplicados capazes de ser reconhecidos como tal por outros linguistas aplicados. É sinal de maturidade, é indicação de desenvolvimento da área. Outro sinal de desenvolvimento, também, é o crescimento do número de programas de pós-graduação em Linguística Aplicada.[10]

Parece-nos ponto pacífico, como nos relata Celani (op. cit.), o fato de a LA ter se estabelecido como uma área importante também no Brasil. Vemos, no entanto, que o dizer de Celani sugere uma evolução na área que supõe ter-se chegado a um ponto satisfatório em que estaríamos vivendo um momento em que o conceito de LA estivesse já delimitado e não precisasse mais ser foco de considerações. Não concordamos com a autora, já que, no Brasil, assim como no exterior, coexistem opiniões divergentes quanto à LA, a seus pressupostos epistemológicos e a seu *locus* enquanto ciência. Sendo assim, também no Brasil, encontraremos opiniões que vão desde a consideração da LA como aplicação da Linguística até aquelas que a desatrelam por completo de qualquer dependência de outras áreas, objetivando com isso buscar sua legitimação científica.

Cumpre-nos, no entanto, lembrar, mesmo que rapidamente, de alguns passos que vêm marcando o percurso da LA no país ao longo das últimas décadas. Numa primeira fase, até possivelmente meados da década de 1970, a LA desenvolveu-se no interior da Linguística. Kleiman (1992: 26) afirma que esse desenvolvimento ocorreu "numa relação de dependência comum e natural entre uma ciência teórica em expansão e sua aplicação incipiente". Neste sentido, o próprio nome *Linguística Aplicada* era como que um reflexo da relação entre *Linguística* e *Linguística Aplicada*. O comentário de Kleiman (1992: 26) a esse respeito é significativo:

> A relação prevista entre ciência teórica e a aplicação reproduzia o modelo corrente americano, que sustentava uma fé profunda na pertinência dos achados linguísticos para a resolução de problemas ligados ao ensino de línguas. Essa fé, reafirmada no auge e otimismo do distribucionalismo behaviorista das décadas de 1940, 1950 e 1960 começava a ser abalada pelo ceticismo dos gerativistas, mas esse ceticismo tardaria a ser sentido no contexto brasileiro. Assim, a Linguística Aplicada era concebida como uma orientação exclusiva para resolução de problemas práticos; a questão educacional era entendida como uma "tecnologia do ensino" (Chomsky, 1966) para a qual a Linguística poderia (na hipótese otimista) ou não (na hipótese pessimista) contribuir. A dependência da Linguística Aplicada em relação à ciência "pura" deve-se, então, tanto a razões epistemológicas, determinadas pela sua concepção do objeto de estudo, quanto a razões histórico-conjunturais.

O quadro desse período não veio a se alterar significativamente. Segundo a autora, a LA continuava "quase que exclusivamente" sob a orientação da Linguística, o que equivale a dizer sob a óptica dos linguistas que "ocupavam espaços importantes mediante a oferta de cursos e de outras atividades de ensino de Língua Portuguesa e, em menor grau, de língua estrangeira" (Kleiman, 1992: 26-27)[11].

É a partir da segunda metade da década de 1970 que podemos perceber que uma concepção de LA como lugar de aplicação linguística vai cedendo espaço a uma outra que a concebe como mais independente, autônoma – sobretudo na área de ensino de LE –, já que a de língua materna, tradicionalmente, recebeu ênfase predominante dos linguistas, mantendo, ainda, não raro, uma visão de aplicação linguística.

A percepção dessas mudanças pode ser ilustrada, se levarmos em consideração, por exemplo, a produção de material didático do Centro de Linguística Aplicada coordenado por Gomes de Mattos e, ainda, os resultados de pesquisa do programa de pós-graduação em Linguística Aplicada aos Estudos de Linguagem da PUC-SP que, segundo Kleiman (1992: 28), embora ainda se dedicasse à descrição linguística de "aplicação potencial", já incentivava a pesquisa de temas ligados ao ensino.

A autora aponta ainda outros fatos que vieram a contribuir para a autonomia da LA nesse período. Inicialmente, a diversificação de perspectivas teóricas foi possível graças à vinda, para o campo, de estudiosos também com formação diversificada. A autora traz como exemplo as linhas de pesquisa que predominavam nos primeiros momentos da LA (basicamente análise contrastiva: dois momentos de análise e descrição linguística, ou seja, língua materna do aprendiz e língua alvo de ensino e posterior comparação entre ambas) e as outras que emergiram na década de 1970 que focalizavam sua atenção nos processos de aprendizagem ou mesmo aquisição de uma segunda língua e/ou LE, como a análise de erros.

Outro ponto que deve ser considerado e que marca a delimitação do objeto de pesquisa em LA é o fato de que, nesse período, houve um crescente interesse pelas pesquisas em leitura, em decorrência de a realidade do ensino e da aprendizagem passarem a ser encaradas como elementos sobre os quais os linguistas aplicados deveriam voltar sua atenção. A esse respeito, Kleiman (op. cit.: 28) reflete que:

> O novo interesse na realidade do ensino e no aprendiz propiciava a emergência de perguntas de pesquisas diferenciadas: a constatação, a partir da prática, de uma necessidade específica do aluno, de aprender o funcionamento parcial da língua estrangeira, incentivou enormemente a pesquisa sobre a leitura, objeto este cuja constituição dentro da Linguística Aplicada também ajudou a transformar a concepção antiga, limitada à aplicação de teorias ou descrições linguísticas.

A reflexão de Kleiman nos permite lembrar de várias pesquisas realizadas no programa de pós-graduação em Linguística Aplicada da PUC-SP (LAEL), voltadas para a investigação da leitura para fins específicos, inicialmente, em LE e, somente após 1989, em língua materna. Essas pesquisas tiveram tamanha repercussão que até hoje são vários os cursos, em nível de graduação ou pós-graduação, que se utilizam das propostas delas decorrentes ou refletem sobre o seu alcance para o ensino da leitura em LE ou materna, o que levou à crença de se poder ensinar parcialmente uma LE, como é o caso dos cursos com enfoque em apenas uma das habilidades linguístico-comunicativas.

Um último ponto a ser destacado, ainda segundo Kleiman, é o de que, por meio da mudança de objeto do estudo das línguas a serem ensinadas para os processos de ensino e aprendizagem dessas línguas, o campo de pesquisa da LA foi consideravelmente expandido, sobretudo no que diz respeito às línguas estrangeiras[12]. Vale dizer que os estudos relativos ao ensino de Português como LE também ganharam fôlego nos anos 80 e 90, constituindo uma subárea de pesquisa dentro das pesquisas que focalizam o ensino e a aprendizagem de línguas estrangeiras. Esse fato contribuiu para a natureza inter/multi/transdisciplinar da LA[13], aspecto amplamente discutido entre os linguistas aplicados, a nosso ver, atualmente, tomado como ponto pacífico.

O que Kleiman argumenta pode ser percebido, por exemplo, na ênfase que foi dada ao movimento comunicativo de ensino de línguas que marcou, sobremaneira, as pesquisas feitas em LA ao longo de toda a década de 1980, constituindo-se como um dos regimes de verdade (Foucault, 1979/1995) para os estudos realizados nesses anos a ponto de ser tomado como um pressuposto[14], algo que, uma vez consolidado, não merecia reflexões críticas mais aprofundadas que pudesse colocar também em cheque a noção de linguagem como instrumento de comunicação. Sendo assim, o conceito de competência comunicativa ganhou uma importância cabal para o referido movimento, sendo, inclusive, objeto de pesquisas da época[15].

Almeida Filho (1993: 09), por exemplo, um dos linguistas aplicados precursores dos estudos sobre o movimento comunicativo no Brasil, redimensiona o conceito de comunicação restritivo e mecanicista, herdado das teorias da informação dos anos 70. Para esse autor, a competência comunicativa seria muito mais abrangente e englobaria várias outras competências: linguística, sociocultural e estratégica que levariam em conta, então, conhecimentos linguísticos, socioculturais e estéticos, metalinguísticos e metacomunicativos, conhecimentos e mecanismos de sobrevivência na interação, dentre outros aspectos.

Na definição de competência comunicativa de Almeida Filho percebe-se a filiação teórica do autor a linguistas aplicados ou não, dentre os quais destacamos Chomsky (1965), Hymes (1979), Canale & Swain (1980), Canale (1983), Tarone (1980), Widdowson (1983) e Breen & Candlin (1980), autores cujos questionamentos teóricos sobre língua e linguagem serviram de apoio para a sustentação do movimento comunicativo e do conceito de competência comunicativa defendido por Almeida Filho.

Nesses estudos que marcam a década de 1980 e também os anos 90, presenciamos uma tendência de pesquisa cujo foco está no estudo do processo de ensino e aprendizagem de línguas, tendência que, segundo Moita Lopes (1996), encontra dois tipos básicos de pesquisa: a de diagnóstico que, centrada na investigação do processo de ensinar e aprender, verifica como essa prática é efetivamente realizada em sala de aula[16], e a pesquisa de intervenção que tem seu foco de investigação na possibilidade de modificar a situação existente em sala de aula.[17]

Esses dois tipos de pesquisa convergem para uma abordagem qualitativa de natureza etnográfica, que passa a funcionar como uma referência metodológica forte de trabalho na área que está em oposição, por exemplo, a uma tradição de pesquisa intitulada interativista[18].

Preponderante na pesquisa de sala de aula, tanto no Brasil quanto no exterior, é a investigação de natureza etnográfica[19] que não se serve de categorias preestabelecidas, entrando, no entanto, no campo de investigação com uma pergunta de pesquisa que direciona seu estudo. Muitos dos estudos de sala de aula, de natureza etnográfica, apoiaram-se no trabalho de Erickson (1986) que, dente outros aspectos metodológicos abordados, proveu os pesquisadores com um roteiro mínimo para que se fizesse etnografia na sala de aula: (1) o que está acontecendo nesse contexto; (2)

como os acontecimentos se organizam; (3) o que os acontecimentos significam para alunos e professores; (4) como essa maneira de organização dos acontecimentos pode ser comparada a outras em contextos diferentes.

Como se percebe, então, a pesquisa de sala de aula de natureza etnográfica prioriza a observação da natureza da interação na sala de aula como espaço de aprendizagem. Moita Lopes (1996: 88) afirma a esse respeito que

> Basicamente, tem havido um interesse pelo estudo dos processos sociointeracionais enquanto elementos geradores da construção do conhecimento, isto é, da cognição. Esse interesse pelo estudo da interação em contexto de aprendizagem ou no contexto de ação da sala de aula de línguas é parte de um interesse mais amplo em várias áreas de investigação (análise do discurso, estudos cognitivos, educacionais etc.) pela questão da interação, baseando-se na premissa de que o significado, a compreensão e a aprendizagem devem ser definidos em relação a contextos de ação (...), onde atores reais interagem na construção do significado, do conhecimento e da aprendizagem, ou seja, tanto a aprendizagem quanto o significado são definidos como formas de coparticipação social.

Outra tendência que também está relacionada com a pesquisa etnográfica é a pesquisa em sala de aula de línguas ligada ao movimento do professor-pesquisador em que o professor assume o papel de pesquisador, refletindo sobre sua própria prática. Esse tipo de pesquisa é denominado de pesquisa-ação. Moita Lopes (1996: 89), com base em autores estrangeiros que seguem esse tipo de pesquisa, destaca dois entendimentos sobre ela, quais sejam, (1) como uma maneira privilegiada de gerar o conhecimento sobre a sala de aula, devido à percepção interna do processo que o professor tem e (2) como uma forma de avanço educacional, já que envolve o professor na reflexão crítica do seu trabalho.

Essa visão de professor-pesquisador apregoada por Moita Lopes, aliada a essa perspectiva de investigação etnográfica, preponderante como mostramos, é realizada e ganha espaço nos estudos da área, marcando os anos 90[20] com um repensar da formação de professores de línguas. A intenção é a de combater uma visão dogmática da formação de professores de línguas que, até então, primava pelo treinamento e uso de técnicas de ensino, assim como pela utilização de métodos específicos de ensino sem a devida fundamentação teórica sobre a linguagem em uso na sala de aula, assim como os processos de ensinar e aprender línguas.

O exposto acima nos remete a um dos princípios mais fortes da LA, sobretudo nos anos 90, que considera que, uma vez informado teoricamente sobre a natureza da linguagem, assim como sobre o conhecimento de como atuar na produção do conhecimento (através da pesquisa-ação[21]), o professor estará engajado em uma formação teórico-crítica (Moita Lopes, 1996: 181) que lhe possibilitará uma atuação profissional mais consciente, mais efetiva, capaz de compreender melhor a complexidade da sala de aula. É essa perspectiva que predomina nas pesquisas sobre a formação de professores na LA nos anos 90.

Sendo assim, os estudos sobre a formação do professor de línguas, como afirmamos anteriormente, tem enfatizado, de maneira muito contundente, a necessidade de o professor adquirir em sua formação conhecimentos teóricos sobre sua área de atuação que servissem, dentre outros aspectos, para solidificar sua prática de atuação, embasando-a teoricamente. Ao se teorizar, parece-se acreditar na congruência automática entre teoria e prática. Além disso, a teoria parece também ser vista como um remédio capaz de solucionar os problemas detectados na formação dos profissionais do ensino de línguas, como se ela se opusesse à prática.

Dois artigos que enfocam a questão da relação entre teoria e prática, especificamente, na formação de professores de LE parecem ilustrativos de nossa argumentação. Richards (1990), em um artigo no qual introduz questões sobre formação de professores de segunda língua, argumenta haver uma relação entre o grau de profissionalismo do campo e a extensão dos métodos e procedimentos, baseados em um corpo teórico e de pesquisa, empregados pelos membros de uma determinada profissão.

Com relação aos programas de formação de professores de segunda língua, o referido autor afirma que eles incluem tipicamente um conhecimento de base, vindo da Linguística e da teoria da aprendizagem de segunda língua, e um componente prático que se baseia na metodologia do ensino de línguas.

Sendo assim, em princípio, os conhecimentos e as informações que norteiam os programas de formação de professores adviriam de disciplinas tais como a Linguística, a Psicolinguística, a Sociolinguística, configurando, assim, a base teórica que sustentaria os componentes práticos desses programas.

Richards pondera, ainda, que, nos últimos vinte anos, houve um crescimento dos estudos sobre ensino de LE, alterando, consideravelmente, a base teórica do campo. Os estudos tradicionalmente realizados em fonética e teoria gramatical cederam lugar para aqueles em gramática pedagógica, análise do discurso, aquisição de segunda língua, pesquisa em sala de aula, sintaxe e fonologia da interlíngua, currículos, programas e avaliação, dentre outros. Com isso, o ensino de línguas teria, segundo o autor em questão, atingido um senso de autonomia, com sua base de conhecimento próprio, paradigmas e temas distintos de pesquisa.

Apesar de reconhecer a expansão de conceitos teóricos no campo, temas de pesquisa e de conteúdos novos constituintes da área, Richards aponta para o fato de os pesquisadores, que contribuem para construir esse domínio, não estarem engajados, ou melhor, estarem pouco engajados em relacionar o conhecimento teórico produzido por meio de suas pesquisas diretamente com a formação de professores de línguas. Para Richards, isso se configura como uma escassez de pesquisas na área de ensino de segunda língua, o que caracteriza uma prática na formação de professores quase que exclusivamente marcada pela intuição e pelo senso comum. Isso se evidencia, por exemplo, nos poucos estudos sistemáticos dos processos de ensino de segunda língua e/ou LE que poderiam, segundo Richards, proporcionar uma base teórica que contribuísse para a formação de professores.

Dentro da lógica do autor, portanto, para se prepararem professores de línguas "efetivos", é necessário ter também uma teoria "efetiva", ou seja, um conjunto de princípios gerais que levem a um ensino "efetivo". Essa teoria seria elaborada a partir do estudo do próprio processo de ensino. Ela deveria formar a base para os princípios e conteúdos da formação do professor, o que dependeria da seguinte sequência de fatores: (a) descrição efetiva dos processos de ensino de línguas; (b) desenvolvimento da natureza do ensino efetivo de língua; (c) desenvolvimento de princípios de preparação de professores de línguas.

A perspectiva adotada por Richards com relação à formação de professores de segunda língua parece confirmar a argumentação que vimos defendendo desde o começo de nossa discussão. O autor refere-se a uma teoria efetiva de ensino/aprendizagem, parecendo colocar nela uma forte responsabilidade pela formação e pelo sucesso do professor de segunda língua e/ou LE. Essa postura simplifica a questão, reduzindo-a, simplesmente, à confecção de uma teoria. Vemos que a questão do papel de uma teorização nessa formação deve ser objeto de reflexão, não podendo ser tomado como um pressuposto.

O trabalho de Clarke (1994), *The dysfunctions of the theory/practice discourse*, também discute questões relacionadas à teoria e prática na formação do professor de línguas. O autor se posiciona como alguém que quer contribuir para a formação do profissional de línguas. Seu artigo tem a intenção de mostrar que a LA trata os professores como implementadores daquilo que é produzido em termos teóricos, em vez de considerá-los como agentes no processo de construção da teoria, do planejamento, do currículo etc.

É curioso notar que o argumento de Clarke reafirma a ideia de que, de fato, há um número crescente de artigos que focalizam o professor e seu *empowerment*, o que não quer dizer que isso tenha trazido impactos na vida dos professores de LE. Em outras palavras, Clarke quer dizer que a pesquisa tem muito pouco a contribuir com a prática. Ao pensar assim, o autor coloca-se numa postura de quem reivindica uma determinada congruência entre teoria e prática.

Clarke deixa claro em seu texto que, ao se referir à teoria, o faz tendo em vista uma teoria formal, ou seja, a apresentação e representação de uma teoria formal, o esforço consciente para construir e disseminar métodos de ensino de línguas e modelos de uso geral na profissão. Usa, portanto, o termo teoria como métodos, abordagens, elementos elaborados sem a presença do professor de línguas. Ele não quer dizer, com isso, que os profissionais (professores) são ateóricos no seu trabalho. Eles apenas não desenvolvem teorias formalmente como o fazem os vários teóricos da área. Resumidamente, podemos enumerar a seguir alguns itens capazes de sintetizar o pensamento de Clarke (op. cit.: 13) sobre essa questão:

1 - Os indivíduos envolvidos na elaboração de teorias e pesquisa, de modo geral, raramente são professores.

2 - A distinção teoria/prática cria um grupo de experts, fazendo com que os professores sejam vistos como não experts.

3 - As discussões sobre teoria e prática, na área, são importadas de outras áreas.

4 - O discurso sobre teoria e prática, na área, tende a ser geral, limitado em profundidade e detalhes.

O trabalho de Clarke reivindica, portanto, a participação de professores, efetivamente engajados no ensino, na elaboração de teorias norteadoras de qualquer prática. A nosso ver, a argumentação de Clarke consubstancia a ilusão de que, uma vez participando da elaboração de teorias, os professores poderão ter maior êxito em sua prática profissional. Permanece, também, no artigo de Clarke, a noção da teoria como um elemento-chave na formação do professor. Trata-se de considerar que as práticas dos linguistas aplicados são distintas das práticas dos professores de LE que estão em sala de aula, o que não quer dizer que devesse haver um privilégio dos linguistas aplicados sobre os professores.

A questão é que, por não se compreender que se trata de práticas diferentes, ocorre um acirramento da dicotomia entre teoria e prática. Por um lado, os linguistas aplicados ao apresentarem as teorias como eficazes para o funcionamento da sala de aula e, portanto, influenciarem a prática do professor de LE, têm suas sugestões rechaçadas. Isso porque os professores acreditam, por outro lado, que as teorias que lhe são apresentadas, e nem sempre digeridas, de nada lhes servem, já que são eles os conhecedores da realidade da sala de aula. E isso só faz reforçar a dicotomia entre teoria e prática, resultando na crença dos professores de que sua prática não é constituída também pelo componente teórico. Essa articulação entre teoria e prática constitui, a nosso ver, uma lacuna na formação do professor que os linguistas aplicados parecem, ainda, não ter enfrentado de maneira suficientemente satisfatória.

Observemos que Clarke desloca a questão, simplificando a relação teoria/prática, relação essa que extrapola o mero fato de os professores participarem ou não da elaboração de teorias. Mesmo participando, os professores se mantêm igualmente tutorados pelos teóricos (linguistas aplicados). Isso porque sua participação ocorreria no sentido de fornecer aos teóricos os elementos necessários para que as teorias não se constituíssem à revelia da prática.

A reivindicação de Clarke acaba por camuflar a questão, já que o autor, no final de seu artigo, reforça a ideia de que os professores fazem teoria com "t" e os teóricos com "T", o que não deixa de sugerir que a segunda tenha, de alguma forma, um estatuto superior a primeira. Clarke acaba, pois, por sugerir uma relação dicotômica entre teoria e prática.

Os cursos de formação de professores de LE parecem estar, assim, muito marcados por essa crença no componente teórico como um aspecto essencial da etapa de formação. E isso tanto para os futuros professores (alunos de licenciatura) quanto para aqueles que já são graduados e se encontram na sala de aula. Ocorre, no entanto, que, não raro, encontramos os professores formadores ou mesmo outros profissionais que se dedicam apenas a ministrar aulas esporadicamente nos chamados cursos de "reciclagem", reclamando do fato de que os professores não são capazes de colocar em prática os vários conteúdos teóricos tratados nos cursos. Essa questão parece encerrar, portanto, uma contradição. Apesar de os professores terem acesso à teoria, eles não necessariamente a "aplicam", de modo a transformar sua prática pedagógica e cumprir, assim, a expectativa de melhorá-la.

Consideramos que, no âmbito dos estudos que tratam de formação de professores de língua estrangeira, a relação entre teoria e prática deve ser aprofundada, enfocando-se especialmente sua natureza. Em outras palavras, trata-se de um objeto sobre o qual se faz necessário buscar maior clareza de modo a evidenciar os moldes em que ela se pauta no contexto de formação de professores de LE.

É importante lembrar de que é no âmbito da Linguística Aplicada que encontramos a maioria das reflexões que influenciam o campo de formação de professores. Essas reflexões, por sua vez, estão intimamente ligadas ao processo de constituição e legitimação da LA como ciência, notadamente uma ciência moderna. Isso deve, inevitavelmente, implicar uma formação também comprometida com uma identidade de professor determinada por essa concepção de ciência e, em decorrência, pela concepção de sujeito que a fundamenta, o que tem sido objeto de investigação no campo da LA.

Notas

1 A pesquisa de Martins (1998) explora com detalhes os problemas que a disciplina "Prática de Ensino" sofre no contexto das graduações que formam professores de LE, enfatizando como um dos principais problemas o fato de que a Prática de Ensino, ao invés de ser um dos momentos privilegiados da formação do futuro professor, funciona atualmente como o único momento de formação. É na Prática de Ensino que praticamente todas as questões problemáticas, inclusive de relações entre teoria e prática, emergem, configurando-se um quadro de muita angústia e ansiedade para os graduandos e formadores, o que indica a necessidade de se repensar a estrutura curricular das licenciaturas (grifos nossos).

2 A escassez de prestígio de que gozam as disciplinas de formação profissional nos cursos de licenciatura é reflexo de sua excessiva teorização.

3 Esclarecemos que, ao falarmos da inserção da LA como disciplina nas licenciaturas que formam professores de LE e materna, devemos ter em vista que não é em todos os cursos que essa disciplina se faz presente. Ela não compõe o currículo mínimo dos cursos de Letras estabelecido pelo MEC. Em geral, as reformulações curriculares por que passaram os cursos de licenciatura na década de 1990 acabaram por introduzir LA na grade de seus currículos como é o caso, por exemplo, da Pontifícia Universidade Católica de Campinas, primeira instituição a fazê-lo. Outras instituições também incluíram LA na sua grade de disciplinas: Unesp - São José do Rio Preto, UFU, UFSC, dentre outras. Essa inserção da LA nos currículos das graduações justifica-se, dentre outras coisas, devido ao fato de, ao longo das décadas de 1980 e 1990, a área ter se consolidado, especialmente a partir da formação, tanto no país como no exterior, de acadêmicos e pesquisadores que vieram a trabalhar como docentes nestes cursos de graduação.

4 Nossa tradução do original: "Em Edimburgo, a tarefa principal foi articular pela primeira vez, em cursos de graduação novos, as bases intelectuais do ensino e aprendizagem de línguas para o benefício de educadores seniores que trabalhavam em um mundo em desenvolvimento. Em Washington, a tarefa principal foi desenhar e empreender pesquisas de múltiplas escolhas em larga escala do uso da linguagem na África; estas, por suas vez, seriam uma parte dos critérios para novos programas de ensino de línguas, incluindo a preparação de novas gerações de formadores de professores. A Linguística Aplicada foi, assim, produzida simultaneamente em ambos os lados do Atlântico, não como um conceito apriorístico, mas como consequência de mentes criativas conscientes dos desenvolvimentos, então correntes, na Linguística, aplicando seus talentos em tarefas especificamente relacionadas à língua."

5 Nossa tradução do original: "Muitos planejadores de cursos de línguas encampam as estratégias discursivas denominadas de 'racionalidade tecnicista': a pressuposição de que a aplicação linear da ciência social positivista poderia transformar questões problemáticas, fundamentadas em valores culturais, em questões simples de eficiência técnica."

6 Nossa tradução do original: "1- A Linguística Aplicada baseia-se na inquisição intelectual, levanta e faz uso de pesquisa e relaciona-se com outras disciplinas; 2 - A Linguística é essencial para a Linguística Aplicada, mas não é a única disciplina que contribui com ela; 3 - A escolha de quais disciplinas estão envolvidas em circunstancias particulares da Linguística Aplicada, e quais partes dessas disciplinas, é contingente: depende de quais são as circunstâncias; 4 - A natureza multidisciplinar da Linguística Aplicada requer que suas operações práticas sejam realizadas em domínios diferentes da atividade humana; 5 - A Linguística Aplicada preocupa-se, tipicamente, em alcançar um fim, melhorando as operações existentes relacionadas a linguagem; 6 - Os linguistas não estão isentos de exercerem um papel social, de despertar uma consciência social e, portanto, quando possível, deveriam usar seu conhecimento e compreensão ao serviço da humanidade."

7 O autor (op. cit.: 17), com base em sua experiência de linguista aplicado, relaciona uma série de disciplinas relevantes para as pesquisas e estudos referentes aos problemas de uso da linguagem, não descartando a possibilidade de outras virem a compor esse conjunto, dadas as demandas dos problemas que estiverem em pauta quando de sua realização. Essa lista de disciplinas revela a abrangência multidisciplinar da LA: Linguística, Psicolinguística, Psicologia e as suas subáreas, Semântica e Semiótica, Lexicografia, Sociolinguística, Teoria Social e suas subáreas, Educação e suas subáreas, Matemática, Computação, Estatística, Lógica, Filosofia, Retórica, Análise do Discurso, Filosofia da Ciência, Neurologia, Anatomia, Fisiologia, Comunicação da Fala, Patologia da Linguagem, Literatura e Crítica Literária, Tradução e Interpretação, Toponímia, Inteligência Artificial, Transferência e Armazenamento de Informação, Jurisprudência e Administração Pública.

8 Nossa tradução do original: "educação linguística renovada, política de educação linguística, tecnologias mais novas e ensino de línguas, e o papel crescente do linguista em cenários não tradicionais, notadamente na lei, em negócios e nas ciências."

9 Notemos, no entanto, que, mesmo com a criação da ALAB, a LA ainda é catalogada nas agências de fomento à pesquisa como uma subárea, não recebendo o tratamento de área de conhecimento autônoma como almeja a comunidade de linguistas aplicados, o que é altamente preocupante se levarmos em consideração os vários fatores de natureza política que circunscrevem essa questão. Ademais, cabe salientar o fato de que a própria ALAB só foi criada após vinte anos de instauração do primeiro programa de pós-graduação em LA, o programa de Estudos Pós-Graduados em Linguística Aplicada aos Estudos de Linguagem (LAEL) da Pontifícia Universidade Católica de São Paulo que data de 1970.

10 Além do já mencionado programa de pós-graduação da PUC-SP, o país conta também com os programas das seguintes universidades: Unicamp, Unesp - Rio Preto, UFRJ, UFSC, UFSM, UFRS, UFPE, UFRN.

11 Nos Anais de seminários do GEL, 1978, é possível encontrar temas que exemplificam a relação de aplicação linguística que predominava nessa época: aplicação de gramática gerativa ao ensino, aplicação da Linguística para o ensino da Literatura, ou ainda aplicações da Linguística para o ensino das línguas estrangeiras.

12 Enfatizamos as línguas estrangeiras porque, via de regra, o interesse dos linguistas aplicados quando se trata de questões aplicadas, como referidas na área, concentram-se mais na LE.

13 O fato de utilizarmos os prefixos inter, multi ou trans justifica-se, tendo em vista a discussão que se faz na área entre os linguistas aplicados sobre esse assunto que está longe de ser consensual.

14 Dentre os vários trabalhos de pesquisa sob o viés comunicativo, destacamos, por exemplo, o trabalho de Amadeu-Sabino (1994), intitulado *O dizer e o fazer de um professor de língua estrangeira em curso de licenciatura*, cujo objetivo básico é checar como a abordagem comunicativa é desenvolvida em um curso de licenciatura que forma professores de língua estrangeira, tomando-a como pressuposto.

15 O trabalho de Patrocínio, E. M. F. (1993) merece destaque aqui. Trata-se de uma dissertação de mestrado, defendida no Instituto de Estudos da Linguagem da Unicamp (IEL), que reconsidera de forma mais ampla o conceito de competência comunicativa, especificamente, no "aquecimento" da aula de Português como LE, adequando-o com mais propriedade ao ensino nesse contexto.

16 De acordo com o autor (op. cit.: 86), constituem exemplos desse tipo de pesquisa os trabalhos de Fernandes (1992) que investigam os tipos de perguntas colocadas pelos professores de LE, o trabalho de Freire (1992) em que se estuda a concepção do conceito de competência comunicativa por parte do professor de LE e o trabalho de Almeida Filho et alii (1991), em que se tenta estudar a representação dos processos de ensinar e aprender em sala de aula da rede pública pelo livro didático, o trabalho de Moraes (1990) em que se estuda a questão da relação entre saber e poder na aula de LE, dentre outros.

17 Os exemplos desse tipo de pesquisa dados por Moita Lopes (op. cit.: 87) são os seguintes: Magalhães (1992), pesquisa de natureza colaborativa no ensino de LM; Szenesi (1991) que investiga o uso da técnica do diário dialogado para ensinar redação em LE em escola secundária; Almeida Filho (1992) que investiga a possibilidade de ensinar LE a partir do conteúdo de outras disciplinas do currículo e seu próprio trabalho (Moita Lopes, 1992a, b), pesquisas que investigam programas de ensino de leitura tanto em LM quanto em LE elaborados para a escola pública.

18 Uma análise interativista da sala de aula caracteriza-se pela utilização de uma grade de categorias preestabelecidas que visa a apreender o comportamento dos professores e dos alunos em ação na sala de aula. Para obter mais detalhes remetemos nosso leitor aos trabalhos de Flanders (1970) e Moskowitz (1976).

19 A influência da metodologia etnográfica nas pesquisas em LA é tão determinante nos trabalhos feitos na área que uma análise geral feita por Bolognini (1996: 11-12) mostra que a produção de teses em LA, em nível de mestrado (LE), no programa de pós-graduação em LA do Instituto de Estudos da Linguagem da Unicamp (IEL), prima por uma presença monolítica de pesquisas que se inserem na tradição qualitativo-etnográfica, enfatizando, de maneira geral, "a interação construída pelos participantes da sala de aula, a importância da formação do pro-

fessor e da potencialização critico e estratégico-cognitiva dos aprendizes". O referido autor reflete também que o "leque temático teórico vai de variáveis krashenianas (afeto, motivação, insumo etc.) até questões de assimetria na interação verbal, do papel e análise do livro didático a estratégias discursivas em contextos de aprendizagem formal e informal. (...) Embora rica, a temática resumida tende a enfatizar o processo social da linguagem, onde o social é a teia formada pelos indivíduos interactantes." Apesar de não termos dados sobre os outros programas de pós-graduação em LA, vemos que os dados apreendidos nas dissertações referidas por Bolognini são representativos do tipo de influência abrangente que a tradição etnográfica impôs na metodologia de pesquisa da LA nos últimos tempos.

20 Fazemos referência aqui ao recente trabalho organizado por Bailey, K. M. & Nunan, D. (1996) intitulado *Voices From the Classroom.* Essa coletânea de artigos enfoca a sala de aula sob diversos pontos de vista que mantêm em comum a pesquisa qualitativa etnográfica como instrumento de formação do professor de segunda língua dentro de uma perspectiva crítico-reflexiva de sua prática pedagógica. Trata-se de uma obra representativa, a nosso ver, do espírito de formação do professor de línguas nos anos 90 que, em última instância, postula um professor que, se tornando consciente de sua prática pela reflexão crítica dos processos da sala de aula, transforma sua prática pedagógica positivamente.

21 Moita Lopes (op. cit.: 187) fornece aos professores um roteiro mínimo para a pesquisa-ação que encerra oito itens que possibilitam a pesquisa que se pretende, alimentando a ideia de que, via pesquisa, embasada teoricamente, será possível "dominar" os processos da sala de aula: (1) familiarização com os princípios e instrumentos da pesquisa-ação; (2) Monitoração do processo de ensino/aprendizagem por intermédio de notas de campo e/ou gravação em áudio; (3) Negociação da questão a ser investigada; (4) Negociação dos instrumentos de pesquisa a serem utilizados; (5) Pesquisa-ação na prática: coleta de dados; (6) Análise e interpretação dos dados: acumulação de evidência para teorização; (7) Relatórios da pesquisa: apresentação em seminários/ congressos; (8) Negociação de novas questões de pesquisa. O processo recomeça na terceira etapa quando novamente se passa à negociação da questão a ser investigada.

Referências bibliográficas

ALMEIDA FILHO, J. C. P. *Ensino de LE com base no conteúdo de outras disciplinas.* Trabalho apresentado na mesa-redonda sobre Aprender e Ensinar Línguas: Iniciativas de Pesquisa no Brasil e no Exterior, III Congresso Brasileiro de Linguística Aplicada, Unicamp, 1992.

________. *Dimensões comunicativas no ensino de línguas.* Campinas: Pontes, 1993.

________. et alii. A representação do processo de aprender no livro didático nacional de língua estrangeira moderna no 1° grau. *TLA* 17, pp. 67-97, 1991.

AMADEU SABINO, M. *O dizer e o fazer de um professor de língua estrangeira em curso de licenciatura*: foco na abordagem declarada comunicativa. Dissertação de mestrado, Campinas: Unicamp, 1994.

BAILEY, K. M. & NUNAN, D. (ed.). *Voices from the language classroom.* Cambridge, Cambridge University Press, 1996.

BOHN, H. *Linguística aplicada.* Em BOHN, H. & VANDRESEN, P. (orgs.) *Tópicos de linguística aplicada – o ensino de línguas estrangeiras.* Florianópolis: Editora da UFSC, pp. 11-39, 1988.

BOLOGNINI JR., N. *Discurso, duplicidade da língua e desdobramento do sujeito.* Projeto de doutoramento, Campinas: Unicamp, 1996.

BREEN, M. & CANDLIN, C. The essentials of a communicative curriculum in language teaching. *Applied Linguistics* 1(2), pp. 89-112, 1980.

CANALE, M. & SWAIN, M. Theoretical bases of communicative approaches to second language teaching and testing. *Applied Linguistics* 1(2), pp. 1-43, 1980.

CELANI, M. A. A. Afinal, o que é linguística aplicada? Em PASCHOAL, M. S. Z. & CELANI, M. A. A. (orgs.) *Linguística aplicada – da aplicação da linguística a linguística transdisciplinar.* São Paulo: Educ, pp. 15-22, 1992.

CHOMSKY, N. *Aspects of the theory of syntax.* Cambridge, Mass.: The MIT Press, 1965.

CLARKE, M. A. The Dysfunctions of the Theory/Practice Discourse. *Tesol Quarterly* 28 (1), pp. 9-26, 1994.

CORDER, P. *Introducing applied linguistics.* Harmondsworth, Penguin Books, 1973.

ERICKSON, F. Qualitative Methods in Research on Teaching. In WITTROCK, M. (org.). *Handbook of research on teaching.* New York, MacMillan, pp. 119-161, 1986.

FERNANDES, A. L. M. *Estudo sobre a interação professor e aluno em sala de aula*: as perguntas do professor. Dissertação de Mestrado, São Paulo: PUC-SP, 1992.

FLANDERS, N. A. *Analyzing teaching behavior.* Reading, Mass., Addison-Wesley, 1970.

FOUCAULT, M. *Vigiar e punir – história da violência nas prisões.* Trad. de Lígia M. Pondé Vassalo. Petrópolis: Vozes, 1975/1989.

________. *Microfísica do poder.* Rio de Janeiro, Edições Graal, 1979/1995.

FRANZONI, P. H. *Nos bastidores da comunicação autêntica – uma reflexão em linguística aplicada.* Campinas: Editora da Unicamp, 1992.

FREIRE, A. M. F. O ensino da gramática como parte do ensino de língua: a palavra e a prática do professor de língua estrangeira. Comunicação apresentada no *III Congresso de Linguística Aplicada.* Campinas: Unicamp, 1992

GUMPERZ, J. *Discourse strategies.* Cambridge, Cambridge University Press, 1982.

HYMES, D. On communicative competence. In BRUMFIT, C. J. & JOHNSON, K. (orgs.). *The communicative approach to language teaching.* Oxford: Oxford University Press., 1979.

KAPLAN, R. B. Introduction. In: *On the scope of applied linguistics.* Rowley, Mass., Newbury House, 1980.

________. *Vigiar e punir – história da violência nas prisões.* Trad. de Lígia M. Pondé Vassalo. Petrópolis: Vozes, 1975/1989.

KLEIMAN, A. B. O ensino de línguas no Brasil. Em PASCHOAL, M. S. Z. & CELANI, M. A. A. (orgs.) *Linguística aplicada – da aplicação da linguística a linguística transdisciplinar.* São Paulo: Educ, pp. 25-36, 1992.

KRASHEN, S. D. *Principles and practice in second language acquisition.* Oxford: Pergamon Press, 1982.

LADO, R. *Linguistics across cultures.* Ann Arbor, MI, University of Michigan Press, 1957.

LUKE, A, McHOUL, A, Mey, J L. On the limits of language planning: class, state and power. Em BAUDAULF, R. B. Jr, LUKE, A (eds), *Language planning and education in Australasia and the South Pacific,* Cleveland: Multilingual Matters, pp. 25-44, 1990.

MAGALHÃES. M. C. Interações dialógicas entre professores e pesquisador: aprendendo e criando oportunidades de aprendizagem. Comunicação apresentada no *III Congresso Brasileiro de Linguística Aplicada.* Campinas: UNICAMP, 1992.

MARTINS, L. C. P. *Conflitos e contradições na formação de professores*: um estudo das práticas discursivas da disciplina prática de ensino de língua inglesa. Dissertação de Mestrado, Campinas: Unicamp, 1998.

MOITA LOPES, L. P. Ensino de leitura em inglês em escolas públicas de primeiro grau. Análise de alguns dados etnográficos. *Anais* da IV ANPOLL, São Paulo: PUC-SP, pp. 603-610, 1989.

________. Teacher's perception of an innovative syllabus for the teaching of reading. Comunicação apresentada no *13th Annual Ethnography in Education Research Forum*, Universidade da Pennsylvania, 1992 (a).

________. Interação em LE e LM na escola pública: a construção do conhecimento. Trabalho apresentado na mesa-redonda sobre Pesquisa na Sala de Aula, na *Reunião da SBPC*, USP, São Paulo, 1992 (b).

________. *Oficina de linguística aplicada.* Campinas, Mercado de Letras, 1996.

MORAES, M. G. *O saber e o poder do professor de línguas*: algumas implicações para uma formação crítica. Dissertação de Mestrado, Campinas: Unicamp, 1990.

MOSKOWITZ, G. The classroom interaction of outstanding foreign language teachers. *Foreign Language Annuals* 9, pp. 135-143, 146-157, 1976.

PATROCÍNIO, E. M. F. *Repensando o conceito de competência comunicativa no "aquecimento" da aula de português-língua estrangeira*: uma perspectiva estratégica. Dissertação de Mestrado, Campinas: Unicamp, 1993.

RICHARDS, J. & NUNAN. (ed.). *Second language teacher education.* Cambridge: Cambridge University Press, 1990.

SPOLSKY, B. The scope of educational linguistics. In KAPLAN, R. B. (ed.). *On the Scope of Applied Linguistics.* Rowley Mass., Newburry House, pp. 67-73, 1980.

STREVENS, P. What are applied lingüists and what do they do? In KAPLAN, R. B. (org.). *On the scope of applied linguistics.* Rowley, MA., Newburry House, 1980.

________. Applied linguistics: an overview. In GRABE, W. & KAPLAN, R. B. *Introduction to Applied Linguistics.* New York: Addison-Wesley Publishing Company, pp. 13-31, 1991.

SZENESZI, E. S. *The use of dialogue journal writing to teach EFL secondary school students.* Dissertação de Mestrado, Florianópolis, UFSC, 1991.

TARONE, E. Communication strategies, foreign talk and repair in interlanguage. *Language Learning* 30(2), 1980.

WIDDOWSON, H. G. *Teaching language as communication.* Oxford: Oxford University Press, 1978.

________. Applied linguistics – The pursuit of relevance. In KAPLAN, R. B. (ed.) *The scope of applied linguistics.* Rowley, Mass., Newburry House, pp. 74-87, 1980 (a).

________. Models and fictions. *Applied linguistics* 1 (2), pp. 165-170, 1980 (b).

________. *Learning purpose and language use.* Oxford: Oxford University Press, 1983.

________. The incentive value of theory in teacher education. *English Language Teaching Journal*, 38, 2, pp. 86-90, 1984.

Os autores

Alice Cunha de Freitas – Doutora em Linguística Aplicada pela Pontifícia Universidade Católica de São Paulo (PUC-SP), com Pós-Doutorado em Linguística pela Unicamp. Professora na Graduação em Letras e na Pós-Graduação em Linguística da Universidade Federal de Uberlândia.

Maria de Fátima Fonseca Guilherme de Castro – Mestre em Linguística pela Universidade Federal de Uberlândia. Professora na Graduação em Letras da mesma instituição.

Beth Brait – Livre-docente pela USP com Pós-Doutorado na Ecole des Hautes Etudes em Sciences Sociales, EHESS, Paris, França. Professora na Pós-Graduação em Linguística Aplicada e Estudos da Linguagem da Pontifícia Universidade Católica de São Paulo (PUC-SP) e na Pós-Graduação em Linguística da Universidade de São Paulo (USP).

Cleudemar Alves Fernandes – Doutor em Linguística pela Universidade de São Paulo (USP). Professor na Graduação em Letras e na Pós-Graduação em Linguística da Universidade Federal de Uberlândia.

Douglas Altamiro Consolo – Doutor em Linguística Aplicada pela Universidade de Reading, Inglaterra. Professor na Graduação em Letras e na Pós-Graduação em Estudos Linguísticos da Universidade Estadual Paulista Júlio de Mesquita Filho – Unesp – Campus de São José do Rio Preto.

Enivalda Nunes Freitas e Souza – Doutora em Literatura Brasileira pela Universidade de São Paulo (USP). Professora na Graduação em Letras e atua como pesquisadora na Pós-Graduação em Linguística da Universidade Federal de Uberlândia.

Ernesto Sérgio Bertoldo – Doutor em Linguística Aplicada pela Universidade Estadual de Campinas – Unicamp. Professor na Graduação em Letras e na Pós-Graduação em Linguística da Universidade Federal de Uberlândia.

Joana Luiza Muylaert de Araújo – Doutora em Letras (Ciência da Literatura) pela Universidade Federal do Rio de Janeiro (UFRJ), com Pós-Doutorado em Crítica Literária pela Unicamp. Professora na Graduação em Letras e na Pós-Graduação em Linguística da Universidade Federal de Uberlândia.

João Bôsco Cabral dos Santos – Doutor em Estudos Linguísticos pela Universidade Federal de Minas Gerais (UFMG). Professor na Graduação em Letras e na Pós-Graduação em Linguística da Universidade Federal de Uberlândia.